돈이 되는 연금 꿀팁

기초연금 / 주택연금 / 농지연금 / 실업급여 / 국민연금 / 퇴직연금

손재성

건강하게 오래 살아가는

꿀팁을 한자리에!

머리말

우리나라는 OECD 국가 중 고령화가 가장 급속히 진전되고 있습니다. 80세 이상 인구비중이 2050년에는 14%에 이를 전망입니다. 그런데 고령화와 함께 찾아오는 것이 평균수명 100세 시대라는 것입니다. 과거에는 100세를 살면 집안의 경사였습니다만, 이제는 핵가족화와 노인부양에 대한 인식 변화로 오래 사는 것 자체가 경제적 부담으로 다가오고 있습니다.

2021년 국민연금연구원에서 조사한 필요 노후소득은 단독가구 기준으로 1,293,826원이고, 부부가구 기준으로는 2,102,661원이라고 합니다. 즉 부부가구를 기준으로 한다면 한달 약 210만원의 생활비가 필요한데, 그 중 약 40%가 고정비인 주거비 및 수도, 광열비, 조세 등이 차지합니다. 이렇듯 노후생활에서는 기본적인 생활비만 마련하는 것도 큰 부담이지만, 평균수명이 길어지면서 건강한 생활기간보다는 병환으로 보내는 기간이 더 길어지면서 의료비로 지출되는 금액이 더 큰 부담이 되고 있습니다.

이러한 환경에서 다양하게 지급되는 연금은 노후생활에 큰 도움이 되고 있습니다. 하지만 연금제도가 너무 많아 일일이 찾아보기 어렵고 복잡하기 때문에 일반인들이 이해하기에는 어려움이 있습니다. 따라서 제도는 존재하지만 본인이 잘 몰라서 혜택을 받지 못하는 경우도 많이 발생하고 있으며, 연금제도에 대해서 학습을 하고자 할 경우에는 각 연금제도를 안내하는 홈페이지를 일일이 방문해서 학습해야 하는 불편함이 있습니다.

이에 본서는 이러한 독자들의 불편함을 해소하기 위해 산재해 있는 연금제도를 독자들이 필요한 제도를 찾아보기 쉽게 한 곳에 모아서 정리했습니다. 따라서 독자들은 본인이 궁금한 연금제도를 본서에서 쉽게 찾아볼 수 있습니다. 그리고 본서는 독자들이 연금제도를 이해하는데 도움을 주기 위해 독자들 입장에서 집필했습니다. 첫 페이지에 해당 연금제도에서 가장 중요한 내용만 모아서 핵심사항으로 정리해 놓음으로써 핵심사항만 보더라도 해당 연금제도를 이해할 수 있도록 구성했습니다.

본서의 특징은 다음과 같습니다. 첫째, 모두가 궁금해하는 기초연금에 관하여 상세히 기술하였습니다. 기초연금을 수령하는 방법과 기초연금 수령에 제약을 주는 자산 등에 대하여 자세히 설명했습니다. 둘째, 주택연금 수령조건과 절차에 관하여 기술하였습니다. 본인에게 알맞은 주택연금을 찾는 방법에 관해서 상세히 설명했습니다. 셋째, 농지연금 가입요건과 가입절차에 관해서 기술하였습니다. 넷째, 잘 모르면 놓칠 수 있는 실업급여 수령하는 방법을 상세히 설명했습니다. 다섯째, 국민연금의 수령방법, 연금보험료 추후납부제도, 노령연금 연기제도에 관해서 기술했습니다. 여섯째, 퇴직연금에 관해서 기술했습니다. 퇴직 시 퇴직소득세를 절감하는 방법과 연금수령 시 절세 방법에 대해서 자세히 설명했습니다.

아무쪼록 본서가 독자들이 연금제도를 이해할 수 있는 틀을 제공하고, 연금을 수령하고자 할 때 언제든지 찾아볼 수 있는 지침서로서 활용되기를 기원합니다.

2023. 1월 저자 손재성

목 차

5장 국민연금 꿀팁

6장 퇴직연금 꿀팁

돈이 되는 연금 꿀팁

제1장

기초연금 꿀팁

1. 기초연금 핵심
2. 기초연금 수령대상
3. 기초연금 수령금액
4. 기초연금 신청방법
5. 기초연금 지급

1 기초연금 핵심

1.1 상담전화: 보건복지부 ☎ 129, 국민연금공단 ☎ 1355

1.2 기초연금 수령대상

① 만 65세 이상 대한민국 국적의 거주자
② 선정기준액 ≥ 소득인정액

1.2.1 선정기준액(2023년 기준)

단독가구	부부가구
2,020,000원	3,232,000원

1.2.2 소득인정액

소득인정액 = 월 소득평가액 + 재산의 월 소득환산액

- 무료임차소득 = 자녀 명의 6억원 이상 고가주택 거주 × 연 0.78%
- 고급 자동차와 회원권: 가격의 100% 모두 월 소득환산액 포함

1.3 기초연금 수령금액(2023년 기준)

단독가구 및 부부 중 1인 수령	부부 2인 모두 수령 (20% 할인 적용)
월 최고 323,180원	월 최고 517,080원

1.4 공단 직원이 찾아뵙는 서비스

- 대상: 거동 불편, 원거리 거주, 생업종사 등으로 방문이 어려운 경우
- 방법: 국번 없이 1355로 찾아뵙는 서비스 신청
- 서비스: 국민연금공단 직원이 직접 방문하여 기초연금 신청을 도와줌

1.5 이동통신요금감면 서비스 혜택

- 기초연금 수급자로 선정된 경우 이동통신요금감면 서비스 신청 가능
- 이동통신 이용료의 50%, 월 최대 11,000원을 한도로 감면 혜택
- 부부가 모두 기초연금 수급자로 선정된 경우 두 사람 모두 혜택수혜

2 기초연금 수령대상

2.1 기초연금제도

우리나라 국민연금제도는 1988년에 시행되었으나, 모든 국민들이 본격적으로 국민연금에 가입한 시기는 1999년도 이후 이므로 제때 가입하였다 하더라도 노후생활을 위해 수령할 수 있는 연금금액이 충분하지 않은 경우가 많다. 따라서 제도 도입 이후 국민연금에 가입하지 못한 채 노후를 맞이하였거나, 가입을 하였더라도 가입기간이 짧아 연금 수령금액이 적은 가입자가 많다.

이렇듯 소득은 낮으나 국민연금의 혜택을 제대로 받지 못하는 국민의 편안한 노후생활을 돕고 국민연금의 혜택을 모든 국민에게 공평하게 나누어 주기 위한 제도가 기초연금제도이다. 정부에서는 기초연금제도를 통하여 소득 불균형으로 인한 현재의 심각한 노인빈곤문제를 해결하면서, 미래세대의 부담을 덜고, 노후에 누구나 안정된 혜택을 누릴 수 있도록 지원한다.

기초연금 지원대상

① 소득이 낮은 국민 중 국민연금을 수령하지 못하는 국민
② 국민연금 등 수령금액이 기준연금액보다 작은 국민

2.2 기초연금 수령대상

기초연금 수령대상은 만 65세 이상이면서 대한민국 국적으로 국내에 거주하고 있어야 한다. 그리고 가구의 소득인정액이 선정기준액 이하이어야 한다.

기초연금 수령대상 = ① + ②
① 만 65세 이상 대한민국 국적의 거주자
② 선정기준액 ≥ 소득인정액

2.3 선정기준액

기초연금 선정기준액은 만 65세 이상 국민 중 소득수준 및 재산수준, 생활실태, 물가상승률 등을 고려하여 하위 70%가 기초연금을 수령할 수 있도록 매년 보건복지부장관이 정하여 고시하는 금액을 말한다. 즉, 기초연금 지급기준이 되는 소득조건을 말한다.

2023년도 선정기준액은 단독가구 2,020,000원이고, 부부가구 3,232,000원이다.

다만, 부부 중 한 명만 신청하는 경우도 부부가구에 해당한다.

2023년도 선정기준액

단독가구	부부가구
2,020,000원	3,232,000원

연도별 선정기준액은 다음과 같다. 예를 들어 2022년도에 단독가구 기준으로 소득인정액이 180만원을 초과하여 기초연금을 받지 못하던 수령대상자도 2023년도에 소득인정액이 202만원을 넘지 않으면 기초연금을 신규로 수령할 수 있다.

연도별 선정기준액

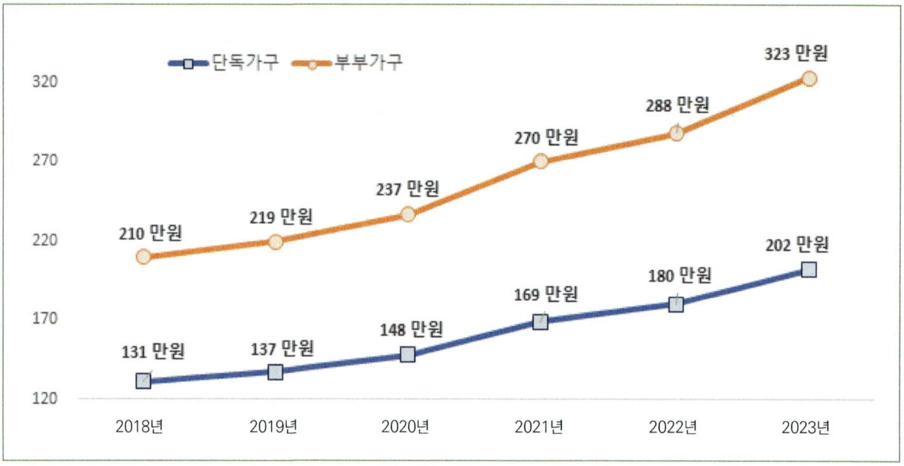

※ 자료: 보건복지부

공무원연금, 사립학교교직원연금, 군인연금, 별정우체국연금 수령대상자 및 그 배우자는 원칙적으로 기초연금 수급대상에서 제외된다. 다만, 다음에 해당하는 수령대상자의 소득인정액이 기초연금 선정기준액 이하인 경우에는 기초연금을 받을 수 있다.

① 직역(공무원, 사립학교교직원, 군인, 별정우체국직원) 재직기간이 10년 미만인 국민연금과 연계한 연계퇴직연금 또는 연계퇴직유족연금 수급권자 및 그 배우자
② 장해보상금, 유족연금일시금, 유족일시금(유족연금 대신 받은 경우)을 받은 이후 5년이 경과한 수급권자 및 그 배우자
③ 2014.6.30 당시 기초노령연금을 받고 있던 국민
④ 기초연금법 시행 당시 장애인연금 특례수급자였던 자가 나중에 만 65세에 도달하여 기초연금 특례대상자로 전환된 경우

※ ③과 ④의 경우 기초연금액은 기준연금액의 50%로 산정된다.

2.4 소득인정액

'소득인정액'이란 월 소득평가액과 재산의 월 소득환산액을 합산한 금액을 말하며, 다음과 같은 방법으로 산정된다.

소득인정액 = 월 소득평가액 + 재산의 월 소득환산액

2.4.1 월 소득평가액

2023년도 소득평가액은 근로소득에서 기본공제액인 108만원을 공제하고 그 금액에서 다시 30%를 추가로 공제한 금액에 기타소득을 합산하여 산정한다. 다만, 일용근로소득, 공공일자리소득, 자활근로소득은 근로소득에서 제외된다.

월 소득평가액 = [0.7 × (근로소득 – 108만원)] + 기타소득

1) 근로소득

근로소득 기본공제액인 108만원은 2023년도 최저임금 인상(2022년 9,160원 ⇨ 2023년 9,620원)을 반영하여 2022년도 103만원에서 상향 조정된 금액이며, 이러한 취지는 일하는 노인이 최저임금 인상으로 인해 기초연금 수급에 있어 불이익을 받지 않도록 함이다.

2) 기타소득

기타소득은 사업소득, 재산소득, 공적이전소득, 무료임차소득을 말한다. 사업소득은 기타사업소득과 임대소득을 합산한 소득이고, 재산소득은 이자소득과 연금소득을 합산한 소득을 말한다. 공적이전소득은 각종 법령의 규정에 의해 정기적으로 지급되는 각종 수당 · 연금 · 급여 · 기타 금품을 말한다.

기타소득 종류

구 분		세 부 내 용
사업소득	기타사업소득	도매업 · 소매업, 제조업, 농업 · 어업 · 임업, 기타 사업에서 얻는 소득
	임대소득	부동산, 동산, 권리, 그 밖의 재산의 대여로 발생하는 소득
재산소득	이자소득	예금 · 적금 · 주식 · 채권의 이자와 배당 또는 할인에 의하여 발생하는 소득
	연금소득	민간 연금보험, 연금저축 등에 의해 정기적으로 발생하는 소득
공적이전소득		각종 법령의 규정에 의해 정기적으로 지급되는 각종 수당 · 연금 · 급여 · 기타 금품(국민연금, 공무원연금, 군인연금, 사립학교교직원연금, 산재급여) ※ 단, 일시금으로 받는 금품은 재산으로 산정
무료임차소득		자녀 소유의 고가 주택에 거주하는 본인 또는 배우자에 대하여 임차료에 상응하여 소득으로 인정하는 금액

무료임차소득은 본인 또는 배우자의 주민등록상 주소지 주택이 자녀명의이고, 시가표준액 6억원 이상인 경우, 연 0.78%의 소득을 적용한다. 무료임차소득 적용 예시를 보면 다음과 같다.

시가표준액	6억원	7억원	8억원	9억원	10억원	15억원	20억원
무료임차소득	39만원	45.5만원	52만원	58.5만원	65만원	97.5만원	130만원

3) 월 소득평가액 계산 사례

단독가구이면서 월 200만원의 근로소득이 있고, 매달 국민연금 30만원을 수령하는 경우 월 소득평가액은 다음과 같이 계산할 수 있다.

월 소득평가액 = [0.7 × (200만원 − 108만원)] + 30만원 = 94.4만원

부부가구인 경우 본인이 월 200만원의 근로소득과 매달 국민연금 30만원을 수령하고, 배우자가 월 150만원의 근로소득이 있는 경우 월 소득평가액은 다음과 같이 계산할 수 있다.

월 소득평가액 = 본인 소득분[0.7 × (200만원 − 108만원) + 30만원]
+ 배우자 소득분[0.7 × (150만원 − 108만원)] = 123.8만원

2.4.2 재산의 월 소득환산액

재산의 월 소득환산액은 다음과 같이 산정한다. 일반재산에서 기본재산액을 차감한 금액에 금융재산에서 공제금액인 2,000만원을 차감한 금액을 합산한 후 부채를 차감한 순재산액을 소득환산율인 연 4%로 환산한 후 12개월로 나누어 산정한다.

고급 자동차 및 회원권의 가액은 소득환산율을 적용하지 않고 그 가액을 그대로 월 100%로 소득환산액으로 적용하기 때문에 불이익이 있다. 따라서 기초연금을 수령하기 위해서는 고급 자동차와 회원권을 어떻게 처리할지 먼저 결정해야 한다.

재산의 월 소득환산액 = [(일반재산 - 기본재산액) + (금융재산 - 2,000만원) - 부채]
× 0.04(재산의 소득환산율, 연 4%) ÷ 12개월
+ 고급 자동차 및 회원권의 가액의 100%

1) 지역별 기본재산액

지역별로 공제하는 기본재산액은 다음과 같다.

구 분	기본재산액
대도시(특별시 · 광역시의 '구', 도 · 농 복합군 포함), 특례시 예) 서울특별시 관악구, 부산광역시 해운대구, 대구광역시 달성군	1억 3,500만원
중소도시(도의 '시', 세종특별자치시) 예) 경기도 성남시, 경상북도 안동시, 충청남도 천안시	8,500만원
농어촌(도의 '군') 예) 전라남도 고흥군, 강원도 영월군, 충청북도 음성군	7,250만원

2) 고급 자동차

고급 자동차는 3,000cc 이상 혹은 차량가액 4,000만원 이상의 승용차, 승합차, 이륜차를 보유한 경우 기본재산공제 대상에서 제외되고, 차량가격의 100%가 월 소득환산액으로 적용된다. 따라서 고급 자동차를 보유하고 있는 경우에는 기초연금을 수령하기 어렵다. 다만, 차령이 10년 이상인 차량, 압류 등으로 운행이 불가능한 자동차 및 생업용 자동차로 소명하는 경우는 일반재산의 소득환산율인 연 4%를 적용한다. 그리고 다음에 해당하는 자동차는 1대에 한하여 재산산정에서 제외한다.

① 상이등급 판정을 받은 국가유공자 등이 소유한 자동차
② 장애인이 소유한 자동차 (장애등급 무관)
③ 지방세 감면을 받는 자동차

3) 회원권

다음 회원권은 기본재산공제 대상에서 제외되며, 회원권가액(시가표준액 반영)의 100%를 월 소득환산액으로 적용한다.

① 골프회원권
② 승마회원권
③ 콘도미니엄회원권
④ 종합체육시설이용회원권
⑤ 요트회원권 등

4) 기타(증여)재산

기타(증여)재산이란 타인에게 증여한 것으로 인정되는 재산을 말한다. 2011년 7월 1일 이후 재산을 증여하였거나 처분한 경우, 해당 재산의 가액(지방세법의 시가표준액)에서 '자연적 소비금액'을 차감한 금액이 기타(증여)재산으로 산정되어 소득인정액 계산 시 포함된다.

자연적 소비금액 = 재산의 처분, 증여일로부터 경과된 개월수 × 적용금액

'자연적 소비금액'이란 재산의 처분, 증여일로부터 경과된 개월수에 다음 각목의 금액을 곱한 금액을 말한다. 다만, 부채상환금, 본인 또는 배우자의 의료비, 교육비, 장례비, 혼례비, 위자료 및 양육비 지급금 등은 기타(증여)재산 산정 시 차감한다.

배우자가 없는 노인가구	배우자가 있는 노인가구
2,217,408원	2,700,482원

2.4.3 소득인정액 모의계산

본인의 소득인정액은 복지로 홈페이지에서 모의계산을 해 볼 수 있다. 복지로 홈페이지 '복지서비스 ⇨ 모의계산 ⇨ 기초연금'에서 간단한 소득재산항목을 입력하여 기초연금 수령대상이 되는지 자가진단이 가능하다.

3 기초연금 수령금액

3.1 기초연금 수령금액

2023년도 기준 기초연금 수령금액은 다음과 같으며, 단독가구 및 부부 1인 수령가구와 부부 2인 수령가구로 구분하여 기준연금액과 최저연금액을 고시한다.

구 분	기준연금액	최저연금액주)
단독가구, 부부 1인 수령가구	월 최고 323,180원	월 최고 32,310원
부부 2인 수령가구 (부부 감액제도 20% 적용)	월 최고 517,080원	월 최고 64,630원

※ 주) 소득역전 방지 감액제도에 따른 최저연금액으로 단독가구는 기준연금액의 10%

기준연금액은 기초연금 수령대상자 1인이 수령할 수 있는 월 최대 한도금액이다. 기준연금액을 기준으로 부부 2인이 모두 수령할 경우에는 20%의 부부 감액제도가 적용되고, 소득수준이 상대적으로 높은 수령대상자의 경우에는 소득역전 방지 감액제도가 적용된다.

연도별 기준연금액

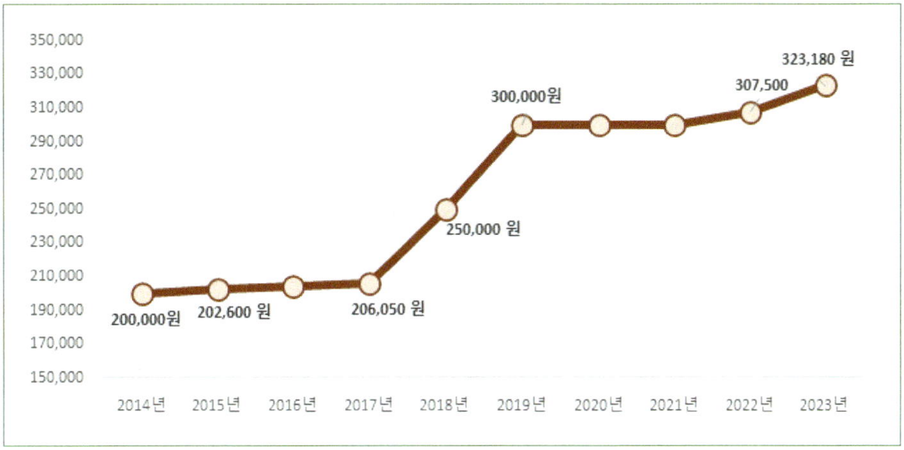

※ 자료: 보건복지부

3.2 기초연금 수령대상

기준연금액은 기초연금법에 따라 매년 말 통계청이 발표하는 전국소비자물가변동률을 반영하여 매년 1월 중 고시한다. 다음에 해당하는 기초연금 수령대상자는 기준연금액으로 기초연금을 수령할 수 있다.

기준연금액 수령대상

① 국민연금을 받지 않고 있는 분(무연금자)
② 국민연금 월 급여액이 484,770원(기준연금액의 150%) 이하인 분
③ 국민연금의 유족연금이나 장애연금을 받고 있는 분
④ 국민기초생활보장 수급권자, 장애인연금을 받고 있는 분 등

3.3 기초연금 감액제도

3.3.1 부부 감액제도

단독가구와 부부가구 간의 생활비 차이를 감안하여 부부 2인 모두가 기초연금을 받는 경우에는 각각에 대하여 산정된 기초연금액의 20%를 감액한 월 최대 517,080원까지 수령할 수 있다. 이러한 제도를 부부 감액제도라고 한다.

부부 2인 수급금액 517,080원 = 본인 323,180원×20% + 배우자 323,180원×20%

3.3.2 소득역전 방지 감액제도

기초연금에는 소득역전 방지 감액제도가 있다. 소득역전 방지 감액이란 기초연금을 받는 사람과 받지 못하는 사람 간에 기초연금 수급으로 인해 발생할 수 있는 소득역전을 최소화하기 위한 제도이다.

기초연금 수령대상자의 소득을 기준으로 산정한 소득인정액과 기초연금 수령금액을 합한 금액에서 기초연금 지급을 위한 선정기준액을 차감한 차이만큼 기초연금을 감액하는 제도를 말한다. 즉, 선정기준액을 초과해서 기초연금을 수령하는 것을 방지하고자 하는 제도이다. 여기서 부부 2인 수령가구는 부부 감액 이후의 기초연금 수령금액을 기준으로 산정한다.

소득역전 방지 감액 = (소득인정액 + 기초연금 수령금액) - 선정기준액

3.3.3 최저연금액

최저연금액은 소득역전 방지 감액제도가 적용되어 선정기준액을 초과하는 기초연금 수령대상자에게 최소한으로 지급되는 기초연금액을 말한다. 소득역전 방지 감액제도에도 불구하고 단독가구 및 부부 1인 수령가구는 기준연금액의 10%인 월 최고 32,310원, 부부 2인 수령가구는 기준연금액의 20%인 월 최고 64,630원을 최저연금액으로 수령할 수 있다.

3.3.4 부가연금액

부가연금액은 기준연금액의 50%인 161,590원을 지급하는 것을 말한다. 부가연금액 수령대상은 직역연금(공무원연금, 사립학교교직원연금, 군인연금, 별정우체국연금) 수령대상자이면서 기존에 기초노령연금을 받던 국민이 기초연금제도 도입으로 기초연금을 받게 된 직역연금특례자가 해당된다. 다만, 소득 수준이 상대적으로 높아 소득역전방지 감액이 적용되거나, 부부 두 사람 모두 기초연금을 받을 경우에 감액될 수 있습니다.

3.4 기준연금액 수령 제외 대상의 기초연금액 산정

기준연금액 수령대상에 해당되지 않는 분들에 대하여는 별도 기준으로 기초연금액을 산정한다. 즉, 기초연금액은 「소득재분배급여(A급여)에 따른 산식」 또는 「국민연금 급여액」 등을 고려하여 산정한다. 다만, 계산한 금액이 기준연금액을 초과하더라도 최고액인 기준연금액으로 기초연금액이 산정된다.

3.4.1 소득재분배급여(A급여)에 따른 기초연금액 산정

소득재분배급여(A급여)에 따른 기초연금액 산정 산식은 다음과 같으며, 괄호안의 계산 결과가 음(−)의 값일 경우에는 '0'으로 처리한다. 즉, 음(−)일 경우에는 부가연금액만 기초연금액으로 산정한다.

'A급여액'에 따른 기초연금액 = (기준연금액 − 2/3 × A급여) + 부가연금액

소득재분배급여(A급여)는 국민연금급여액 중 기초연금적 성격을 가진 급여로, 개인별 기초연금액을 결정하는 기준이 되는 급여를 말한다. 가입기간이 길수록, 일찍 가입할수록 A급여액은 증가한다. 하지만, 가입기간이 동일하더라도 가입시기, 가입이력에 따라 A급여액을 다를 수 있다. 소득재분배급여(A급여)는 다음 산식에 따라 산정한다.

A급여 = 국민연금 가입기간별 비례상수
× 국민연금 지급사유 발생 당시에 적용하는 평균소득월액
× 국민연금 지급사유 발생시점부터 기초연금 지급시점까지의 전국소비자물가변동률
÷ 12(月)

국민연금 가입기간별 비례상수는 연도별로 다음과 같으며, 가입기간이 길수록 비례상수가 크기 때문에 소득재분배급여(A급여)가 높게 산정된다.

<table>
<tr><td>1988년 ~ 1998년</td><td>1999년 ~ 2007년</td><td>2008년</td><td>2009년</td></tr>
<tr><td>2,400/1,000</td><td>1,800/1,000</td><td>1,500/1,000</td><td>1,485/1,000</td></tr>
<tr><td colspan="4">:</td></tr>
<tr><td>2022년</td><td>2023년</td><td>2024년</td><td>2025년</td></tr>
<tr><td>1,290/1,000</td><td>1,275/1,000</td><td>1,260/1,000</td><td>1,245/1,000</td></tr>
<tr><td>2026년</td><td>2027년</td><td colspan="2">2028년 이후</td></tr>
<tr><td>1,230/1,000</td><td>1,215/1,000</td><td colspan="2">1,200/1,000</td></tr>
</table>

국민연금 지급사유 발생 당시에 적용하는 평균소득월액은 다음 각 항목에 따라 산정한 금액을 합산하여 3으로 나눈 금액을 말한다. 즉, 최근 3년간 평균소득월액에 대하여 전국소비자물가변동률을 반영하여 산정한다.

- 평균소득월액 = (① + ② + ③) ÷ 3
  ① 연금 수급 3년 전 연도의 평균소득월액을 연금 수급 3년 전 연도와 대비한 연금 수급 전년도의 전국소비자물가변동률에 따라 환산한 금액
  ② 연금 수급 2년 전 연도의 평균소득월액을 연금 수급 2년 전 연도와 대비한 연금 수급 전년도의 전국소비자물가변동률에 따라 환산한 금액
  ③ 연금 수급 전년도의 평균소득월액

3.4.2 국민연금 급여액에 따른 기초연금액 산정

국민연금 급여액에 따른 기초연금액 산식은 다음과 같다.

'국민연금 급여액 등'에 따른 기초연금액 = 기준연금액의 250% − 국민연금 급여액 등

여기서 국민연금 급여액 등은 「국민연금법」 및 「국민연금과 직역연금의 연계에 관한 법률」에 따라 매월 지급받을 수 있는 급여액을 말한다. 다만, 부양가족연금액은 제외한다.

기준연금액 산정 기준

구 분	2023년 1월 ~ 2023년 12월	비 고
기준연금액의 10%	32,310원	최저연금액
기준연금액의 50%	161,590원	부가연금액
기준연금액의 100%	323,180원	기준연금액
기준연금액의 150%	484,770원	
기준연금액의 200%	646,360원	
기준연금액의 250%	807,950원	

4 기초연금 신청방법

4.1 신청대상

기초연금은 만 65세 이상이면서 대한민국 국적으로 국내에 거주하고 있는 본인이 신청대상이다. 다만, 재외국민 주민등록자는 기초연금을 신청할 수 없다.

재외국민 주민등록자는 재외국민(대한민국의 국민으로서 외국의 영주권을 취득한 자 또는 영주할 목적으로 외국에 거주하고 있는 자)이 국내에 30일 이상 거주할 목적으로 입국하는 경우 주민등록이 가능하며, '재외국민용 주민등록증'을 발급받은 자를 말한다.

기초연금 신청 시에는 수급희망 이력관리도 함께 신청할 필요가 있다. 수급희망 이력관리를 신청해야만 기초연금 수령을 신청한 후 부적합 결정된 경우에도 5년 동안 매년 소득재산을 다시 확인하여 수령이 가능할 것으로 예상될 경우 기초연금 신청 안내를 받을 수 있다.

또한, 기초연금 신청 시에 이동통신요금 감면 서비스도 함께 신청하는 것이 편리하다. 왜냐하면 기초연금 수급자로 선정될 경우 이동통신요금 감면 서비스도 같이 받을 수 있기 때문이다. 따라서 함께 신청하지 않은 경우에는 별도로 주민센터나 통신사 등을 방문해서 신청해야 하는 번거로움이 있다.

4.2 신청방법

기초연금은 만 65세 생일이 속하는 달의 1개월 전부터 연중 언제나 신청이 가능하다. 기초연금은 본인이 직접 방문하여 신청하는 것이 원칙이나, 부득이한 경우 대리인 신청, 온라인 신청, 직원방문신청 서비스 등 4가지 방법을 활용할 수 있다.

① 본인 방문 신청
② 대리인 신청
③ 공단 직원이 찾아뵙는 서비스
④ 온라인 신청

4.2.1 방문 신청

방문 신청은 주소지 관할 읍·면사무소 및 동 주민센터에서 신청하면 된다. 또한, 가까운 국민연금공단 지사 및 상담센터를 방문할 경우에는 신청자의 주소지와 무관하게 어느 곳에서나 신청이 가능하다. 방문시에는 신분증을 가지고가야 하며, 국번 없이 1355로 문의한 후 방문하면 된다.

4.2.2 대리인 신청

거동이 불편한 사람의 경우는 배우자, 자녀, 형제자매, 친족, 사회복지시설장 등 대리인을 통한 신청도 가능하다. 여기서 친족의 범위는 8촌 이내의 혈족 및 4촌 이내의 인척을 말한다. 대리인이 신청하려면 '기초연금관련위임장'과 대리인 및 신청인의 신분을 확인할 수 있는 서류(신분증 등)를 가져가야 한다.

4.2.3 공단 직원이 찾아뵙는 서비스

국번 없이 1355로 찾아뵙는 서비스를 신청할 수 있다. 거동이 불편하거나 주변 도움이 없다면 본인이 방문 신청과 대리인 신청, 온라인 신청이 어려운 노인분을 위해서 국민연금공단 직원이 직접 찾아뵙는 서비스를 운영하고 있다. 찾아뵙는 서비스를 신청하면 국민연금공단 직원이 직접 방문하여 기초연금 신청을 도와준다. 기초연금 수급자격 확인 및 신청방법까지 모든 과정을 다 도와주니 필요한 노인분들이 신청하면 된다.

4.2.4 온라인 신청

본인 또는 배우자, 주민등록 주소가 같은 자녀가 온라인으로 신청할 수 있다. 온라인으로 신청하기 위해서는 공인인증서가 저장되어 있어야 한다. 다음의 경우에는 온라인 신청이 불가하니 직접 방문하여 신청하여야 한다.

① 신청인의 공인인증서가 없는 경우
② 기초연금 대상자와 그 배우자 중 한 사람이라도 외국국적인 경우
③ 기초연금 대상자가 사실혼, 사실이혼 등에 해당하는 경우
④ 부부 동시 신청 시 기초연금 수급계좌를 대표계좌 하나로 신청하고자 하는 경우

온라인으로 신청하는 경우 〈서비스 신청 ⇨ 복지서비스 신청 ⇨ 복지급여 신청 ⇨ 기초연금〉에서 신청하면 된다. 신청방법이 복잡해서 작성하기 어려운 경우에는 '화면 따라하기'에서 '기초연금'을 선택하면 온라인 신청 방법이 자세히 설명되어 있다. 신청서 작성 시 신청정보에서 '기초연금수급희망이력관리'를 '희망'으로 선택해야 향후 기초연금과 관련한 안내를 받을 수 있다.

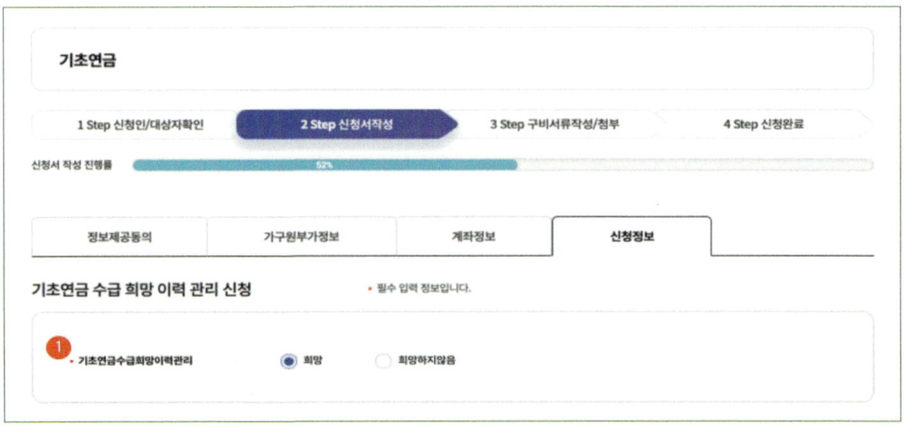

구비서류작성/첨부하는 항목에서는 '구비서류 다운로드'에서 양식을 다운로드 받은 후 모두 작성해서 첨부 파일로 등록해야만 한다는 점에 유의해야 한다. 첨부서류는 이미지로만 첨부할 수 있기 때문에 스캔을 받거나 휴대폰 카메라로 촬영한 사진을 컴퓨터나 휴대폰에 저장한 후 첨부하여야 한다. 첨부 후에는 반드시 미리보기를 이용하여 첨부파일이 정상적으로 등록되었는지 확인하여야 한다. 첨부서류에서 이미지 첨부가 불가능한 경우에는 방문신청을 하여야 한다.

온라인 신청이 완료되면 신청정보는 해당 지자체로 전송되어 접수대기가 된다. 온라인 서비스 신청 진행사항 및 신청결과는 문자메시지(SMS)로 안내되고, 신청 진행사항은 '나의 복지정보'에서 확인할 수 있다. 신청서 처리기한은 접수대기에서 접수완료까지 보통 3~7일 정도 소요되며, 집중 신청기간(2~3월)에는 더 지연될 수 있기 때문에 처리가 늦어질 경우에는 관할 주민센터에 문의하면 된다.

4.3 신청서류

4.3.1 서면신청 시 필수서류

서면신청 시 필수서류는 다음과 같다.

① 사회보장급여 신청(변경)서
② 소득 · 재산신고서
③ 금융정보 등(금융 · 신용 · 보험정보) 제공 동의서
④ 기초연금수급희망이력관리신청서
⑤ 기초연금관련위임장(대리인 신청 시)

서류 양식은 인근 주민센터 또는 국민연금공단에 비치된 양식이 있으니 방문하여 작성하거나, 인터넷을 통해 서식을 다운로드 받아서 작성하면 된다. 인터넷을 통해 다운 받는 방법은 인터넷 '복지로'홈페이지를 방문하여 〈복지서비스 신청 ⇨ 복지서비스 신청서식 ⇨ 8. 기초연금〉 선택 후 필수서류를 다운로드 받으면 된다.

4.3.2 서면신청 시 준비할 기타서류

서면신청 시 추가로 필요한 기타서류는 다음과 같다.

① 신분증(신청인 및 대리인)
② 기초연금을 지급받을 통장사본 (본인계좌)
③ 배우자의 금융정보 등(금융 · 신용 · 보험정보) 제공 동의서
④ 임대차 계약서(임대 · 임차보증금이 있는 경우)
⑤ 전 · 월세 계약서(전 · 월세 해당자)
⑥ 금융기관 외 부채가 있는 경우에는 부채를 입증할 수 있는 서류

신분증은 주민등록증, 자동차운전면허증, 장애인등록증, 여권 중 하나이면 된다. 대리 신청 시에는 신청자 본인 및 대리인의 신분증과 위임장이 필요하다.

기초연금을 지급받을 본인계좌의 통장사본을 부부가 각각 제출하여야 한다. 다만, 부부가 모두 기초연금을 받고, 부부 모두가 동의하는 경우에는 한 사람의 통장사본만 제출하여도 된다. 다만, 한 사람의 통장사본만 제출할 경우에는 방문신청 하여야 한다.

배우자가 있는 경우에는 배우자가 신청자격이 없거나 신청을 하지 않더라도 소득재산의 조사 대상이 된다. 따라서 방문 신청 시 배우자의 '금융정보 등(금융 · 신용 · 보험정보) 제공 동의서'를 제출하여야 한다.

5 기초연금 지급

5.1 지급방법

5.1.1 기초연금 지급기준

기초연금은 매월 25일에 지급한다. 만약, 25일이 토요일이거나 공휴일인 경우에는 그 전일에 지급한다. 그리고 기초연금은 받는 사람 본인 명의의 계좌로 입금하는 것이 원칙이다. 다만, 부부 모두 기초연금을 받고, 부부 모두가 동의하는 경우에는 배우자의 계좌로 일괄 입금이 가능하다.

기초연금을 신청한 날이 속하는 달 25일에 지급한다. 만약, 신청이 밀려 대상자 선정이 지연되더라도 기초연금은 신청일이 속한 날을 기준으로 지급한다. 예를 들어, 7월에 신청하여 8월에 기초연금 대상자로 결정되었을 경우 8월 25일에 7월분까지 포함하여 2개월치의 기초연금을 받게 된다. 그러므로 대상자 선정이 지연되더라도 걱정할 필요는 없다.

기초연금을 만 65세 생일이 속한 달의 한 달 전에 신청한 경우, 만 65세 생일이 속한 달부터 지급한다. 기초연금은 수급권을 상실한 날이 속하는 달까지 지급한다.

5.1.2 부정 수령금액 환수

기초연금을 거짓이나 부정한 방법으로 수령한 경우에는 이자를 가산하여 환수한다. 예를 들어 수급권이 없는 자가 연금을 수령한 경우나 지급정지 기간 중에 연금을 수령한 경우, 과다하게 연금을 수령한 경우 등이 해당된다.

부정한 방법으로 수령한 연금에 대하여는 해당 기초연금을 수령한 날이 속하는 달부터 환수금을 고지한 날이 속하는 달의 전날까지의 개월 수에 해당 연도 3년 만기 정기예금 월 이자율을 적용하여 산정한 이자를 가산하여 환수한다.

환수금액 = 부정 수령금액 + (부정수령금액 × 부정수령 기간 × 정기예금 이자율)

5.2 지급정지

다음의 사유에 해당하는 경우에는 기초연금의 지급이 정지된다.

① 수급자가 교정시설·치료감호시설에 수용 중인 경우
② 가출·행방불명 신고 접수일로부터 30일이 경과한 경우
③ 해외체류 기간이 60일 이상인 경우
④ 거주불명자로 등록된 경우

지급정지 사유가 발생한 달까지는 기존의 기초연금액을 지급하고, 그 다음 달부터 지급이 정지된다. 지급정지 사유가 소멸할 경우, 지급정지 사유가 소멸한 달의 다음 달부터 지급이 개시된다.

5.3 이의신청

기초연금 수령대상자의 자격인정, 그 밖에 기초연금법에 따른 처분에 이의가 있는 경우, 이의신청이 가능하다. 이의신청 기간은 처분통지서가 송달된 날로부터 90일 이내에 신청하면 된다. 장기입원, 해외 장기 출타 등으로 이의신청을 할 수 없었음을 증명한 경우, 그 사유가 소멸한 때부터 60일 이내에 신청 가능하다.

이의신청은 읍·면사무소, 동 주민센터, 국민연금공단 지사에 접수하면 되고, 제출서류는 이의신청서, 증빙서류, 신분증, 대리인 관련서류이다.

심사는 특별자치시장, 특별자치도지사, 시군구청장이 하며, 접수일로부터 30일 이내에 결과를 통지한다. 다만, 재산·소득 현황 조사에 시일이 걸리는 등 특별한 사유가 있는 경우에는 60일 이내에 결정·통지할 수 있다.

5.4 이동통신요금 감면 서비스

기초연금 수급자로 선정되면 본인의 이동통신요금을 감면받을 수 있다. 부부가 모두 기초연금 수급자로 선정되었다면 두 사람 모두 감면 서비스 혜택을 받을 수 있다. 하지만, 기초연금 수급자로 선정되었다고 해서 자동으로 이동통신요금 감면이 적용되는 것이 아니라 직접 신청을 해야만 한다. 신청 방법은 직접 주민센터와 이동통신사를 방문하여 신청하는 방법과 온라인 신청도 가능하다.

5.4.1 이동통신요금 감면 서비스 내용

1) 저소득층 이동통신요금 감면 서비스 내용

정부에서는 저소득층을 대상으로 통신요금 감면제도를 시행하고 있다. 기초생활 수급자, 차상위계층, 장애인, 국가유공자, 단체 및 시설, 기초연금수급자 등이 해당되며, 휴대폰 요금 외에도 인터넷 통신비, 일반전화 요금도 감면받을 수 있다. 다만, 알뜰폰 통신사 등 통신 사업자에 따라 감면 서비스가 제공되지 않을 수 있으니 통신사업자에 확인 후 감면 서비스를 신청할 필요가 있다.

저소득층 통신요금 감면내용

생계 · 의료급여수급자	주거 · 교육급여수급자 및 차상위계층	장애인 · 단체 · 국가유공자	기초연금수급자
• 기본감면 26,000원 • 통화료 50% 감면 • 월 최대 33,500원	• 기본감면 11,000원 • 통화료 35% 감면 • 월 최대 21,500원	• 기본료, 국내음성 • 데이터 통화료 35% 감면	• 기본료, 통화료 50% 감면 • 월 최대 11,000원

2) 기초연금수급자 이동통신요금 감면 서비스 내용

기초연금 수급자로 선정되면 본인 휴대전화 요금제의 기본료 또는 월정액, 음성통화료, 데이터 통화료를 합쳐 청구한 이용료의 50%를 감면받을 수 있다. 다만, 기본료 또는 월정액, 음성통화료, 데이터 통화료를 합쳐 이용료 11,000원을 한도로 감면을 적용한다.

5.4.2 이동통신요금 감면 서비스 신청방법

1) 통신사 고객센터를 통해 유선 신청

가입자가 본인의 휴대폰으로 신청할 경우에는 114를 활용하면 되고, 대리인이 대신 신청할 경우에는 고객센터 무료전화(SKT 080－011－6000 등)로 전화를 걸어 감면신청을 하면 된다. 고객센터 무료전화가 연결되면 가입한 이동전화번호를 누르라고 하는데, 이 때 감면혜택을 받을 기초연금 수급자의 이동전화번호를 누르면 된다. 상담원이 연결되면 대리인임을 밝히고, 신분인증을 위해 가입자의 생년월일을 확인하는 과정을 거치며, 대리인의 이름과 전화번호를 상담원에게 알려주면 된다. 이후 상담원이 정상처리 되면 최대 얼마의 할인이 적용된다는 사실을 안내한다.

대리인이 신청할 경우에는 같이 살고 있지 않아도 되고, 고객센터 무료전화를 이용하면 간단한 신원조회 후 신청 및 할인 등록이 가능하다. 기초연금 수급자 이동통신요금 감면 신청 시 필요한 개인정보는 가입자 휴대전화번호와 생년월일 그리고 대리인의 성명과 휴대전화번호가 필요하다.

2) 방문 신청

방문 신청방법은 주소지 관할 읍·면사무소, 동 주민센터 또는 전국 국민연금공단 지사에서 감면 서비스 신청이 가능하다. 따라서 기초연금 신청 시에 이동통신요금 감면 서비스를 동시에 신청하면 편리하다. 그리고 각 통신사 대리점에 신분증과 기초연금수급자 증명서류를 준비해서 방문신청이 가능하다.

이동통신요금 감면 서비스 신청과 관련한 문의는 과학기술정보통신부 민원상담센터 1335번 및 개별통신사 전용 ARS(이동전화로 국번없이) 1523으로 하면 된다.

방문 신청 시 준비서류

신청장소	준비서류
주민센터	① 신분증(대리인 신청 시 위임장 작성) ② 개인정보제공 및 조회동의서
각 통신사 대리점	① 신분증(대리인 신청 시 위임장 작성) ② 개인정보제공 및 조회동의서 ③ 복지자격증명 관련 서류·기초연금수급자격증명서, 복지카드 등

3) 인터넷 신청

인터넷 신청방법은 '복지로'홈페이지에서 신청할 수 있다. 복지로 홈페이지 검색창에서 '이동통신요금감면'을 검색한 후 신청하기를 통해 신청하면 된다.

4) 처리절차

이동통신요금 감면 서비스는 전용신청번호(☎ 1523), 통신사 대리점, 주민센터, 복지로 홈페이지 등을 통해서 초기 상담 및 서비스 신청을 한다. 그러면 통신사업자가 서비스에 대한 조사 및 심사를 진행한 후 대상자를 확정하고 서비스를 지원한다.

돈이 되는 연금 꿀팁

제2장

주택연금 꿀팁

1. 주택연금 핵심
2. 주택연금 개요
3. 주택연금 가입
4. 주택연금 지급
5. 주택연금 상환

1 주택연금 핵심

1.1 상담전화: 한국주택금융공사 ☎ 1688-8114

1.2 주택연금 가입

구 분	주택연금 요건
가입연령	◦ 부부 중 1명이 대한민국 국민이면서 만 55세 이상
주택가격	◦ 부부합산 기준 공시가격 등이 9억원 이하 주택 소유자
보유주택수	◦ 1주택 소유자: 부부합산 기준 공시가격 등이 9억원 이하 ◦ 다주택 소유자: 공시가격 등 합산가격이 9억원 이하 ◦ 합산가격 9억원 초과인 2주택자: 3년 이내 1주택 처분
대상주택	◦ 일반주택, 주거목적 오피스텔, 노인복지주택, 복합용도주택

1.3 주택연금 지급

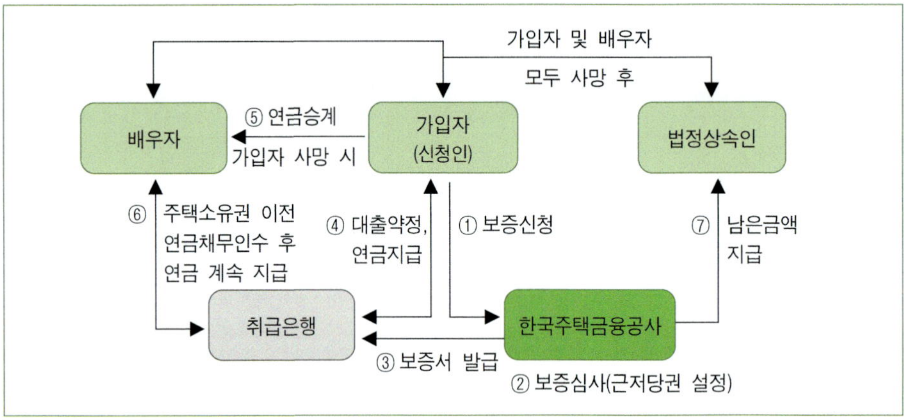

1.4 주택연금의 장점

- 평생동안 가입자 및 배우자 모두 담보주택에 거주 보장
- 부부 중 한 분이 돌아가신 경우에도 연금감액 없이 100% 평생지급
- 부부 모두 사망 후 주택을 처분해서 연금수령액을 정산한 후
  남으면 상속인에게 지급하고, 모자라면 국가가 책임짐
- 각종 세제혜택(등록면허세 · 재산세 감면, 대출이자비용 소득공제 등)

2 주택연금 개요

2.1 주택연금 개념

주택연금이란 집을 소유하고 있는 55세 이상 대한민국 국민이 집을 담보로 맡기고 자기 집에서 평생 살면서 일정기간 또는 평생 동안 매달 연금을 받도록 국가가 보증하는 제도이다. 이렇듯 주택연금은 집을 보유하고 있지만 소득이 부족한 노인들에게 매달 안정적인 수입을 얻을 수 있도록 집을 담보로 평생 동안 생활비를 제공하는 제도이다.

주택연금에 가입하기 위해서는 주택소유자 또는 배우자가 만 55세 이상인 대한민국 국민이어야 하며, 부부합산 기준 공시가격 등이 9억원 이하여야 한다. 따라서 주택시장이 침체되어 공시가격이 9억원 이하로 하락할 경우 주택연금에 가입하는 것이 유리하다. 가입 이후에는 주택가격이 9억원을 초과하더라도 상관이 없기 때문이다.

주택연금 가입자를 위한 국가 보증업무는 한국주택금융공사에서 수행하고 있으며, 은행은 한국주택금융공사가 발급하는 보증서를 근거로 주택연금 가입자에게 분할대출방식으로 매월 주택연금을 지급한다.

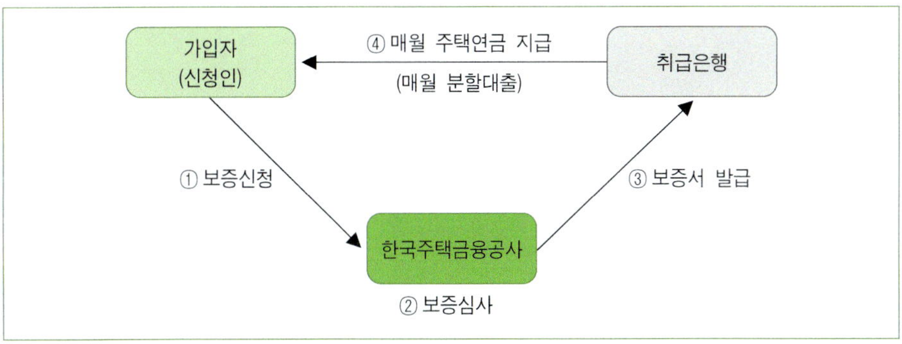

하지만, 주택연금은 주택 담보로 제공하고 받는 분할대출에 해당되기 때문에 대출원금 이외에 대출이자와 보증료, 근저당권 설정비용 등 추가로 지불해야 되는 가입비용을 모두 고려하여 신청 여부를 판단할 필요가 있다.

2.2 주택연금 종류

주택연금은 소유주택의 담보제공 방식에 따라 근저당권방식과 신탁방식으로 구분한다. 저당권방식은 소유주택을 담보로 제공하고 근저당권을 설정하는 방식이고, 신탁방식은 주택소유자와 한국주택금융공사가 신탁계약에 따라 소유주택을 공사(수탁자)에 신탁(소유권 이전)하여 담보로 제공하는 방식을 말한다.

2.2.1 근저당권방식

주택연금 가입자가 소유주택을 담보로 제공하고 보증신청을 하면 한국주택금융공사가 보증심사 후 해당 주택에 근저당권을 설정하고 취급은행에 온라인으로 보증서를 발급한 후 가입자에게 통지한다. 가입자는 취급은행을 방문하여 대출약정을 하고 주택연금을 받게 된다.

가입자 사망 시 배우자가 자녀 등 공동상속인의 동의를 얻어 주택소유권 이전등기를 하고 채무인수 후 주택연금 승계를 신청하면, 계속해서 배우자가 연금을 수령할 수 있다.

가입자 및 배우자가 모두 사망할 경우 한국주택금융공사에서 담보주택을 처분한 금액으로 대출채권을 상환하고 남는 금액은 법정상속인에게 지급하고, 부족한 경우에는 청구하지 않는 방식이다.

근저당권방식 업무흐름

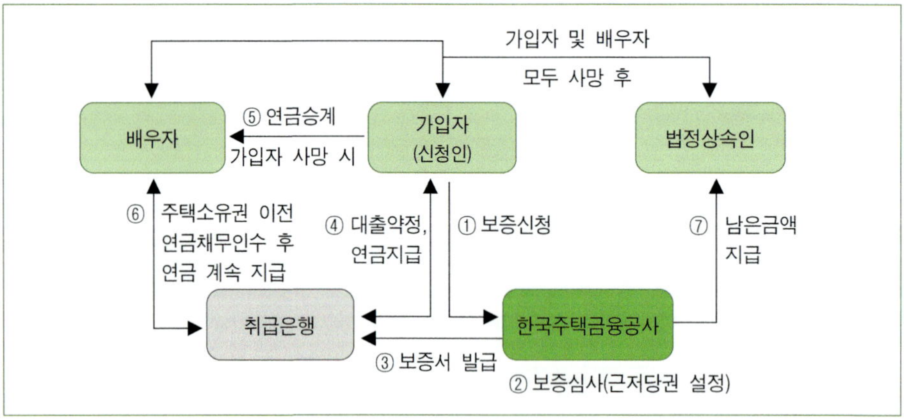

2.2.2 신탁방식

주택소유자가 한국주택금융공사와 신탁계약을 체결하고, 소유주택을 공사(신탁자)에게 신탁(소유권 이전)하고 보증신청을 하면 한국주택금융공사가 보증심사 후 해당 주택에 신탁등기를 하고 취급은행에 온라인으로 보증서를 발급한 후 가입자에게 통지한다. 가입자는 취급은행을 방문하여 대출약정을 하고 주택연금을 받게 된다.

가입자 사망 시 신탁계약에 따라 배우자가 사후수익자로 채무인수 후 계속해서 연금을 수령한다.

가입자 및 배우자가 모두 사망할 경우 한국주택금융공사에서 담보주택을 처분한 금액으로 대출채권을 상환하고 남는 금액은 사전에 가입자가 지정한 귀속권리자에게 지급하고, 부족한 경우에는 청구하지 않는다.

신탁방식 업무흐름

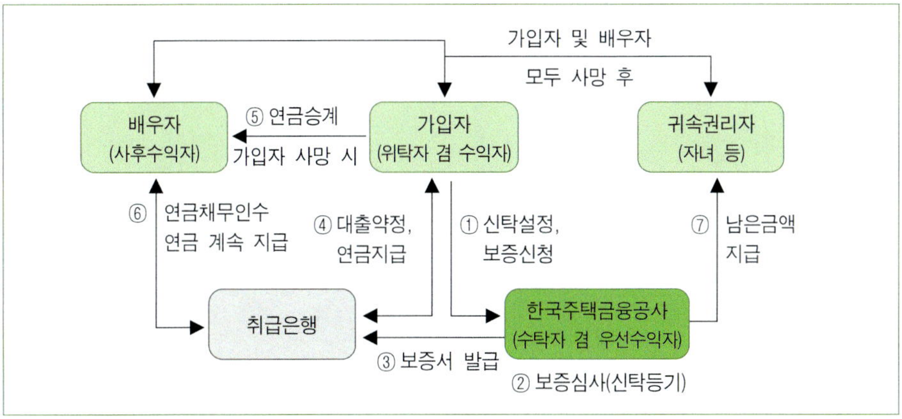

근저당권방식과 신탁방식 비교

구 분	근저당권방식	신탁방식
담보방법	• 근저당권 설정(가입자)	• 신탁등기(공사)
가입자 사망시 배우자 승계	• 배우자가 6개월 이내 주택소유권 이전등기 및 채무인수 후 주택연금 승계하여 계속 수령	• 신탁계약에 따라 배우자가 수익권을 취득하고 채무인수 후 계속 수령
잔여재산 귀속	• 법정상속인	• 사전에 가입자가 지정한 귀속권리자
임대차	• 보증금 있는 임대차 불가(월세만 가능)	• 보증금 있는 임대차 가능(보증금은 공사가 지정하는 은행에 예치)
실거주요건	• 가입자 또는 배우자가 담보주택에 실거주해야 함 • 공사의 주민등록 이전 동의를 받으면 실거주요건 미적용	

2.3 주택연금 장점

2.3.1 평생거주 및 평생지급

주택연금은 가입 후에도 평생 동안 가입자 및 배우자가 해당 주택에 거주할 수 있도록 보장해 준다. 또한, 부부 중 한 사람이 사망한 경우에도 감액 없이 100% 동일금액의 연금지급을 보장한다.

2.3.2 국가가 보증

주택연금은 가입 후 국가가 평생 동안 연금지급을 보증하므로 연금 지급이 중단될 위험이 없다.

2.3.3 합리적인 상속

주택연금은 주택담보 분할대출의 일종으로 대출이자와 보증료를 현금으로 납부하지 않고, 대출원금과 함께 연금지급총액에 누적 된다. 나중에 부부 모두 사망할 경우에는 해당 주택을 처분해서 그동안 누적된 연금지급총액을 정산하게 된다.

만약, 주택 처분 금액이 연금지급총액을 상환하고 남는 경우에는 남은 금액을 상속인에게 돌려주고, 부족한 경우에는 상속인에게 청구하지 않고 국가에서 차액을 대신 물어준다.

금액 비교	정산 방법
주택처분금액 > 연금지급총액	남은 금액은 상속인에게 돌려줌
주택처분금액 < 연금지급총액	부족한 금액은 상속인에게 청구 없이 국가가 부담

※ 연금지급총액 = 월지급금 누계 + 대출이자 + 보증료(초기보증료 + 연보증료)

2.3.4 세제혜택

주택연금 가입 시에 다음과 같이 세금을 혜택을 받는다.

시 기	세제감면 혜택
저당권 설정시	• 등록면허세(설정 금액의 0.2%)를 주택가격 및 보유수에 따라 차등 감면 ① 주택 공시가격 등이 5억원 이하인 1가구 1주택자: 75% 감면 ② ①에 해당하지 않는 자 - 등록면허세액이 300만원 이하인 경우: 75% 감면 - 등록면허세액이 300만원 초과인 경우: 225만원 공제
	• 농어촌특별세 면제: 등록세액의 20%
	• 국민주택채권 매입의무 면제: 설정 금액의 1%
이용시	• 대출이자비용 소득공제: 연간 200만원 한도
	• 재산세(본세): 25% 감면

2024년까지 지방세특례제한법 시행령으로 정하는 1가구 1주택에 한해 재산세를 감면하고, 주택연금 가입주택이 5억원 이하이면 재산세(본세) 25%감면하고, 5억원 초과주택은 5억원에 해당하는 재산세(본세) 25%감면한다. 다만, 저당권설정 시 등록세액의 20%, 이용 시 재산세(본세)액의 20%에 해당하는 교육세를 부담해야 한다. 등록면허세 감면은 2024년말 일몰예정이다.

3 주택연금 가입

3.1 주택연금 가입요건

공무원연금 등 공적연금을 받고 있는 경우에도 주택연금은 가입이 가능하다. 왜냐하면 주택연금은 특별한 소득이 있더라도 노후생활에 필요한 자금을 지원해 주는데 의의가 있기 때문이다. 또한 주택연금은 매월 지급받는 연금이지만 실제로는 주택을 담보로 한 대출이기 때문에 주택연금의 월지급금은 소득에 포함되지 않는다. 따라서 주택연금에 가입하는 경우에도 기초노령연금 등 공적연금 수령에는 전혀 불이익을 받지 않는다.

주택연금에 가입하기 위한 일반적인 가입요건은 다음과 같다.

구 분	주택연금 요건
가입연령	• 부부 중 1명이 대한민국 국민 • 부부 중 1명이 만 55세 이상
주택가격	• 부부합산 기준 공시가격 등이 9억원 이하 주택 소유자
보유주택수	• 1주택 소유자: 부부합산 기준 공시가격 등이 9억원 이하 • 다주택 소유자: 공시가격 등 합산가격이 9억원 이하 • 합산가격 9억원 초과인 2주택자: 3년 이내 1주택 처분
대상주택	• 일반주택, 주거목적 오피스텔, 노인복지주택, 복합용도주택
거주요건	• 본인 또는 배우자가 실제 거주 필요(예외적인 경우 제외)
권리침해 등	• 가압류, 저당권 등 권리침해가 없는 주택
담보제공방식	• 근저당권 설정 방식, 신탁방식

※ 공시가격 등은 ①공시가격 ⇨ ②시가표준액 ⇨ ③시세 또는 감정평가액 순 적용

기초연금 수급자가 가입할 수 있는 우대지급방식 주택연금의 가입 조건은 일반 주택연금 가입자보다 약 21% 우대를 받기 때문에 다음과 같이 일부 요건이 강화되었다.

구 분	주택연금 요건
가입연령	◦ 주택소유자 또는 배우자가 기초연금 수급자 ◦ 부부 중 1명이 만 65세 이상
주택보유수	◦ 부부기준 공시가격 등이 1.5억원 미만 1주택 소유자

3.1.1 가입 가능한 연령

주택연금 가입 가능한 연령은 근저당권 설정일을 기준으로 주택소유자 또는 배우자 연령이 만 55세 이상이어야 하는데, 최고 가입 나이 제한은 없다. 그리고 주택소유자 또는 배우자 중 1인 이상이 대한민국 국민이여야 하며, 외국인 단독 및 부부 모두 외국인인 경우에는 가입할 수 없다.

가입 가능한 연령 조건은 연금지급방식에 따라 다음과 같이 차이가 있기 때문에 유의하여야 한다.

구 분	종신방식/대출상환방식	확정기간방식	우대지급방식
가입가능연령	만 55세 이상	만 55세 ~ 만 74세 이내	만 65세 이상

3.1.2 보유주택수

주택연금은 원칙적으로 1주택자만 가입할 수 있다. 다만, 다음 어느 하나의 경우에는 예외적으로 다주택자여도 주택연금에 가입할 수 있다.

① 다주택자로 보유주택의 공시가격 등의 합산가격이 9억원 이하로 거주하고 있는 1주택을 담보로 보증신청 한 경우
② 상속, 이사 등으로 인해 합산가격이 9억원 초과인 일시적 2주택자로 3년 이내에 거주하지 않는 주택을 처분하는 조건으로 거주하고 있는 주택을 담보로 보증신청 한 경우

연금지급방식이 우대방식인 경우에는 1.5억원 미만 1주택자만 가입이 가능하다.

보유주택수를 산정하는 주요기준은 다음과 같다. 다만, 아파트분양권, 재건축 및 재개발 조합원의 입주권, 담보로 제공하지 않은 오피스텔은 1주택으로 보지 않는다.

① 일반주택과 노인복지주택, 담보로 제공한 주거목적 오피스텔을 포함해서 산정
② 한국주택금융공사에 신탁한 주택도 보유주택수에 포함해서 산정
③ 지분으로 소유하고 있는 주택도 1주택으로 산정(다만, 공동 상속주택의 경우에는 지분이 가장 큰 상속인이 소유한 것으로 봄)
④ 부부 공동소유 주택은 각 지분에 관계없이 1주택으로 산정
⑤ 임대사업자가 임대를 목적으로 보유한 주택 및 전체 건물면적에서 주택면적이 차지하는 비중이 1/2이상인 복합용도주택도 보유주택수에 포함

다음의 어느 하나에 해당하면 보유주택수 산정 시 제외한다.

① 도시지역이 아닌 지역 또는 수도권에 소재하지 않는 면의 행정구역에 건축되어 있는 주택으로서 다음의 어느 하나에 해당하는 주택
- 사용 승인 후 20년 이상 경과된 주택
- 주거 전용면적이 85제곱미터 이하인 단독주택
- 소유자의 최초 등록기준지에 건축되어 있는 주택으로서 직계존속 또는 배우자로부터 상속 등으로 이전받은 단독주택

② 문화재로 지정된 주택
③ 주거 전용면적이 20제곱미터 이하의 주택(아파트 제외)

주택연금에 가입하여 연금을 수령하는 도중에는 주택을 추가로 취득할 수 있다. 주택연금은 가입 시 보유주택수(공시가격 등 9억원 이하)를 확인하고 있기 때문에 가입 이후 추가로 취득한 주택에 대하여는 제한하지 않는다. 다만, 우대지급방식 주택연금은 정부의 재정 지원이 전제된 상품으로 가입자의 도덕적 해이를 방지하기 위해 가입 후 주택을 추가로 취득하는 것을 금지하고 있다.

3.1.3 가입대상주택

주택연금 가입대상주택은 공시가격 등이 9억원(실거래가액 12억원) 이하인 다음의 주택 또는 시설이다.

① 일반주택
② 노인복지주택
③ 실지거래가액 합계액이 12억원 이하인 고가주택의 기준에 해당하는 주택
④ 준주택 중 주거목적으로 사용되는 오피스텔
⑤ 복합용도주택은 전체건물 면적에서 주택면적이 차지하는 비중이 1/2이상

1) 담보제공방식에 따른 대상주택

상가 등 복합용도주택은 근저당권 설정 방식만 가능하고, 신탁방식으로는 가입할 수 없고, 농지법 상 농업인 주택 및 어업인 주택 등 주택 소유자의 자격이 제한되는 주택은 신탁방식 주택연금으로는 가입할 수 없다.

담보제공방식에 따른 대상주택

대상주택	근저당권 설정방식	신탁방식
일반주택 및 주거목적 오피스텔	가능	
노인복지주택	가능	
복합용도주택	가능	불가
농업인 및 어업인 주택	가능	불가

2) 연금지급방식에 따른 대상주택

연금지급방식이 확정기간방식인 경우에는 노인복지주택은 가입할 수 없다. 연금지급방식이 우대방식인 경우에는 공시지가 등이 1.5억원 미만인 주택만 가입이 가능하다.

연금지급방식에 따른 대상주택

대상주택	종신방식/대출상환방식/우대방식	확정기간방식
일반주택 및 주거목적 오피스텔	가능	
노인복지주택	가능	불가
복합용도주택	가능	

3) 주거목적 오피스텔

등기사항증명서 상 용도가 업무시설 또는 오피스텔이면서 주거목적으로 사용되는 오피스텔을 말한다. '주거목적' 사용여부 기준은 다음과 같다.

① 가입자 또는 배우자의 주민등록 상 주소지가 담보주택 주소지와 일치할 것
② 방문조사 또는 서류조사를 통해 확인한 결과 신청인 또는 배우자가 실제 담보주택에 거주할 것
③ 전용 입식 부엌, 전용 화장실 및 세면시설 등 필수 주거시설의 설치되어 있을 것
④ 보증신청일 현재 담보주택이 재산세 과세대장에 주택으로 기재되어 주택분 재산세 과세되고 있을 것 (다만, 신청일 현재 주택분 재산세가 과세되지 않는 경우 주택연금 실행일로부터 1년 이내 제출 가능)

4) 거주요건

주택연금 가입 시 가입자 또는 배우자가 실제 거주하고 있어야 하므로 해당 주택을 전세 또는 월세로 주고 있는 경우에는 가입할 수 없다. 다만, 부부 중 한 명이 거주하면서 주택의 일부를 보증금 없이 월세로 주고 있는 경우에는 가입이 가능하며, 신탁방식 주택연금의 경우에는 보증금이 있더라도 보증금에 해당하는 금액을 한국주택금융공사가 지정하는 계좌로 입금하는 경우 가입이 가능하다.

주택연금 가입 후 한국주택금융공사가 인정하는 아래의 '실거주 예외 인정사유'에 해당되어 공사의 승인을 받아 담보주택에서 다른 장소로 주민등록을 이전하고 담보주택 전부를 임대하는 경우 보증금 없는 월세로 주택의 전부를 임대할 수 있다.

① 질병치료, 심신요양 등을 위하여 병원, 요양시설 등에 입원
② 자녀 등의 봉양을 받기 위하여 다른 주택 등에 장기체류
③ 관공서에 의한 격리, 수용 수감 등
④ 기타 개인적인 특별한 사정 등을 감안하여 공사가 인정한 경우 등

5) 채무관계자 자격

채무관계자인 주택소유자 및 배우자가 의사능력 및 행위능력이 있어야 주택연금에 가입할 수 있다. 채무관계자가 치매 등의 이유로 의사능력 또는 행위능력이 없거나 부족한 경우에는 보호자가 '성년후견제도'를 이용하면 된다.

성년후견제도는 장애 · 질병 · 노령 등으로 인해 도움이 필요한 성인에게 가정법원의 결정 또는 후견계약으로 선임된 후견인이 재산관리 및 일상생활에 관한 폭넓은 보호와 지원을 제공하기 위한 제도이다.

3.2 주택연금 가입절차

주택연금 가입신청은 신청인 주택 소재지를 관할하는 한국주택금융공사 지사를 방문하여 신청하거나, 인터넷으로 신청서 및 필요서류를 제출하고 신청하면 된다. 한국주택금융공사는 가입요건 심사 및 현장방문 심사, 담보주택 가격평가 등을 실시하여 적절하면 보증약정서를 작성하고, 담보주택에 근저당권을 설정한 후 가입자가 선택한 취급은행에 온라인으로 보증서를 발급한다. 가입자는 취급은행에 방문하여 대출약정을 하고 주택연금을 수령하면 된다. 주택연금 신청 후 연금수령까지의 표준처리기간은 1개월로 정하고 있으나, 통상 2~3주가 소요되며, 관할지사의 사정에 따라 차이가 있다.

주택연금 가입절차

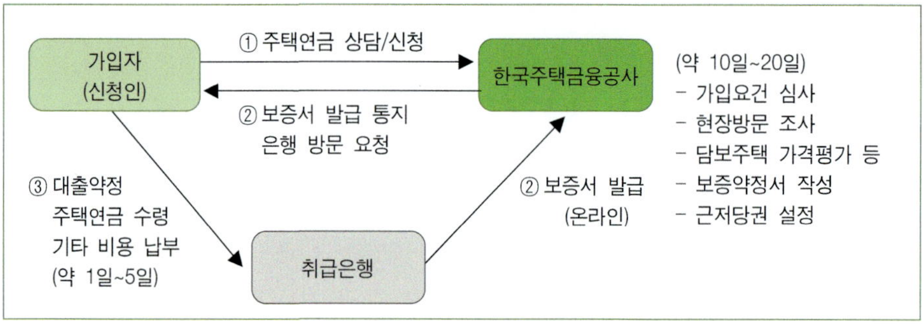

3.2.1 전화 상담 및 단체 설명회 요청

주택연금에 가입하고자 하나 방문신청이 어려운 사람들은 '전화 상담 요청'을 하면 되고, 주택연금에 관심이 있는 '10인 이상 단체 혹은 노인유관기관' 등은 주택연금 '단체 설명회'를 요청하면 된다.

한국주택금융공사 홈페이지 '주택연금 ⇨ 가입안내 ⇨ 전화 상담 요청 또는 단체 설명회 요청'에서 필요한 정보를 입력하고 상담희망일자를 기재한 후 상담요청을 하면 희망일자 또는 신청일 이후 2영업일 이내에 전문 상담실장이 안내전화를 한다.

주택연금을 신청할 경우에는 상담희망은행을 선택할 수 있다. 만약, 신청하고자 하는 주택에 은행권 담보대출이 있는 경우에는 담보대출을 받은 은행과 동일한 은행을 상담희망은행으로 신청하면 된다. 기존 주택담보대출을 상환한 후 나머지 금액으로 주택연금을 수령하게 되므로 동일한 은행에 주택연금을 신청하여야만 기존 주택담보대출에 대한 중도상환수수료를 면제받을 수 있다.

3.2.2 보증약정 및 근저당권 설정

공사는 담보주택조사 및 가격평가를 바탕으로 보증심사를 거쳐 보증신청일부터 1개월 이내에 승인여부를 결정한다. 보증승인이 결정되면 피보증인, 연대보증인 및 사전채무인수인(배우자)은 공사에 서명 또는 기명날인한 보증약정서와 인감증명서를 제출하고 보증약정서 사본을 교부 받는다.

공사는 보증을 할 때 담보주택에 대해 대출채권을 피담보채권으로 하여 '근저당권설정계약서'를 통해 1순위 근저당권을 설정한다. 설정금액은 최초보증기한의 예상주택가격으로 하며, 가입자가 요청하는 경우 예상보증총액의 120%로 설정할 수 있다. 만약 대출잔액이 근저당권 설정액을 초과할 것으로 예상되는 경우에는, 대출잔액이 근저당권 설정액의 85%가 되기 전에 공사의 요청에 따라 추가설정(설정금액 변경)을 해야 주택연금을 계속 이용할 수 있다. 이를 위해 근저당권변경계약서, 위임장 등의 작성 및 인감증명서, 등기권리증(또는 확인서면) 등 필요서류를 제출하여야 한다.

3.2.3 보증서 발급 및 대출 실행

공사는 취급은행에 전자 보증서를 발급하는데, 주택연금 지급에 관한 보증기한은 가입자 및 배우자 사망 시까지 종신토록 보증한다. 다만, 이용 도중에 이혼을 한 경우에는 이혼한 배우자, 이용 도중 재혼을 한 경우에는 재혼한 배우자는 주택연금을 받을 수 없다.

보증서 발급이 완료되면 가입자는 취급은행을 방문하여 대출신청 및 대출약정을 체결하고 주택연금을 받는다.

3.3 주택연금 가입비용

주택연금 가입비용 중 보증료와 대출이자는 주택연금 취급은행이 가입자 부담으로 한국주택금융공사에 납부하므로 연금지급총액(대출잔액)에 가산된다. 따라서 가입자가 직접 현금으로 납부하는 금액은 없다. 하지만, 최초 대출 취급 시 발생한 취급비용은 현금으로 납부하여야 한다.

가입비용 = 보증료 + 대출이자(기준금리+가산금리) + 근저당권 설정비용

3.3.1 보증료

주택연금에 가입할 경우에는 보증료를 납부하여야 한다. 보증료에는 초기보증료와 연 보증료가 있다. 초기보증료는 통상 가입비라고 말하며, 주택가격의 1.5%(대출상환방식의 경우 1.0%)를 최초 연금지급일에 전액 납부하며, 연금지급총액에 자동으로 가산되므로 별도로 현금으로 납부할 필요는 없다. 연 보증료는 보증잔액의 연 0.75%(대출상환방식의 경우 1.0%)로 매월 월지급금이 지급되는 날에 연금지급총액에 자동으로 가산 된다.

구 분	종신방식/확정기간방식/우대방식	대출상환방식
가입비(초기보증료)	주택가격의 1.5%	주택가격의 1.0%
연 보증료	보증잔액의 연 0.75%	보증잔액의 연 1.0%

보증잔액은 다음 4가지를 모두 합한 금액으로 대출잔액과 동일하다.

보증잔액 = ① 월지급금 + ② 개별인출금 + ③ 보증료 + ①②③에 대한 대출이자

주택연금 이용 도중 보증잔액의 일부 또는 전부를 상환하는 경우, 초기보증료는 환급하지 않고, 연 보증료는 미경과기간에 해당하는 금액을 환급한다.

3.3.2 대출이자

주택연금은 주택저당대출로 대출이자가 발생하게 되는데, 대출금리는 '①기준금리 + ②가산금리'로 산정한다. 대출이자는 금융기관과 약정한 금리수준에 따라 매월 대출원금에 가산되어 복리로 늘어나며, 주택연금 이용기간 동안에는 연금지급총액에 가산되기 때문에 별도로 납부할 필요는 없다.

1) 기준금리 선택

주택연금에서 기준금리는 고객이 다음 중 한 가지를 선택할 수 있다. 다만, 가입 이후에는 대출 기준금리의 변경이 불가하다.

① 양도성예금증서(CD) 91일물 금리: 3개월 주기로 변동
② 신규취급액기준 COFIX 금리: 6개월 주기로 변동

양도성예금증서(DC) 91일물 금리를 선택할 경우에는 3개월마다 시장금리에 연동되어 대출금리가 재설정 되고, 신규취급액기준 COFIX 금리를 선택할 경우에는 6개월마다 재설정된다.

COFIX 금리는 국내 8개 은행의 정기예금, 정기적금, 양도성예금증서(CD), 환매조건부채권 등 저축성 수신상품 금액을 가중평균하여 산출한 금리를 말하며, 은행

연합회가 매월 한 번씩 산정하여 공시한다. 신규취급액기준 COFIX 금리는 해당 월에 새로 취급된 금액만을 대상으로 산출한 금리를 말한다.

2) 가산금리 자동 적용

주택연금에서 가산금리는 기준금리 종류에 따라서 다음과 같이 자동적으로 적용된다. 다만, 대출상환방식의 경우에는 가산금리가 0.1%p 인하된다.

구 분	종신방식/확정기간방식/우대방식	대출상환방식
양도성예금증서(CD) 91일물	연 1.1%	연 1.0%
신규취급액기준 COFIX	연 0.85%	연 0.75%

3.3.3 근저당권 설정비용

근저당권 설정비용은 근저당권 설정 또는 추가설정(설정금액 변경)시 발생하는 등록세 및 지방교육세, 법원 등에 납부하는 비용과 법무사(법무대리인) 수수료이며, 가입자가 부담해야 한다. 다만, 등록세 및 지방교육세 등 세금을 제외한 근저당권 설정비용은 일부 또는 전부를 공사의 예산범위 내에서 공사가 지원할 수도 있다. 공사가 비용을 지원한 경우에는 저당권설정 이후 보증 신청을 취소하거나 보증약정을 철회하고자 할 때 해당 비용을 공사에 상환하여야 한다.

3.4 제출서류

주택연금 가입 신청 시 및 근저당권 설정 시 제출서류는 다음과 같다.

신청절차	제출서류
가입 신청 시	① 주민등록등본 2부(공사 1부, 취급은행 1부) ② 전입세대열람표 1부(공사)
근저당권 설정 시	① 인감증명서 2부(공동소유인 경우 각각) ② 가족관계증명서 1부(공동소유인 경우 각각) ③ 등기권리증 원부(분실 시 확인서면으로 가능) ④ 담보주택 소재지의 토지이용계획확인서 ⑤ 개인(신용)정보 수집ㆍ이용ㆍ조회ㆍ제공 동의서(배우자 포함) ⑥ 행정정보 공동이용 사전동의서

배우자가 별도로 주민등록이 된 경우에는 배우자의 주민등록등본도 필요하다. 그리고 주민등록등본상 주소와 부동산 등기사항증명서상 주소가 다를 경우 주민등록초본도 제출해야 한다. 행정정보공동이용 사전동의서를 제출하면 공사가 직접 발급 가능하다.

3.5 주택연금 가입 취소

주택연금 가입 이후 최초 보증부대출 실행일로부터 30일 이내(철회기한)에 약정을 철회할 수 있습니다.

3.5.1 취소절차

가입자가 철회신청서를 철회기간까지 한국주택금융공사에 제출하고, 보증잔액(대출잔액)을 전액 철회기한까지 상환해야 한다. 가입자가 사망한 이후에는 철회되지 않는다.

보증잔액 = 월지급금 + 개별인출금 + 대출이자 + 초기보증료 + 연보증료

취소절차를 완료한 이후에는 공사에서 보증료(초기보증료 + 연보증료)를 환급해준다.

3.5.2 취소기한

최초 보증부대출 실행일로부터 30일 이내(기간의 말일이 휴일인 경우 다음 영업일)에 철회가 가능하다.

월지급금 수령일 및 철회기한 예시

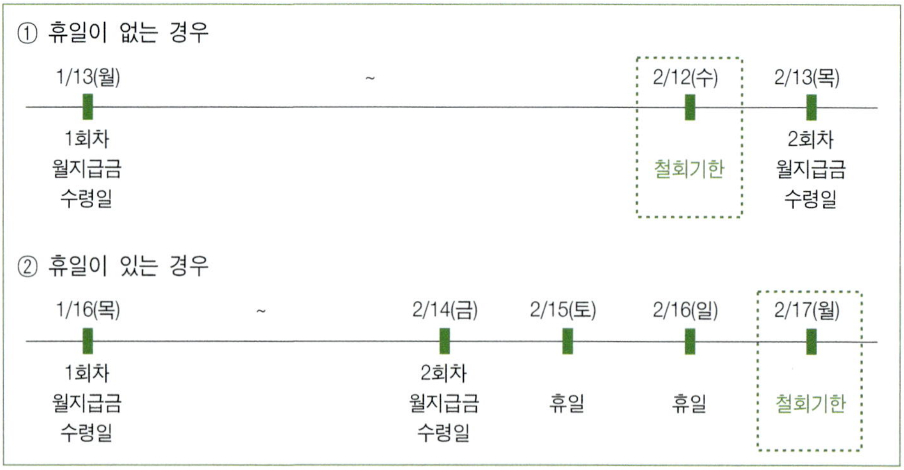

3.6 내게 맞는 주택연금 찾기

3.6.1 내게 맞는 주택연금 찾는 절차

주택연금에 가입하기 위해서는 우선 부부 중 한 명이 만 55세 이상이 되어야 하며, 그 다음에 더 유리한 우대방식을 선택하기 위해서는 주택가격이 1.5억원 미만인지 확인하여야 한다. 모든 요건을 갖추었다면 만 65세 이상으로 기초연금 수급자인지 확인해서 맞으면 우대방식 주택연금에 가입하면 된다.

내게 맞는 주택연금 찾는 절차

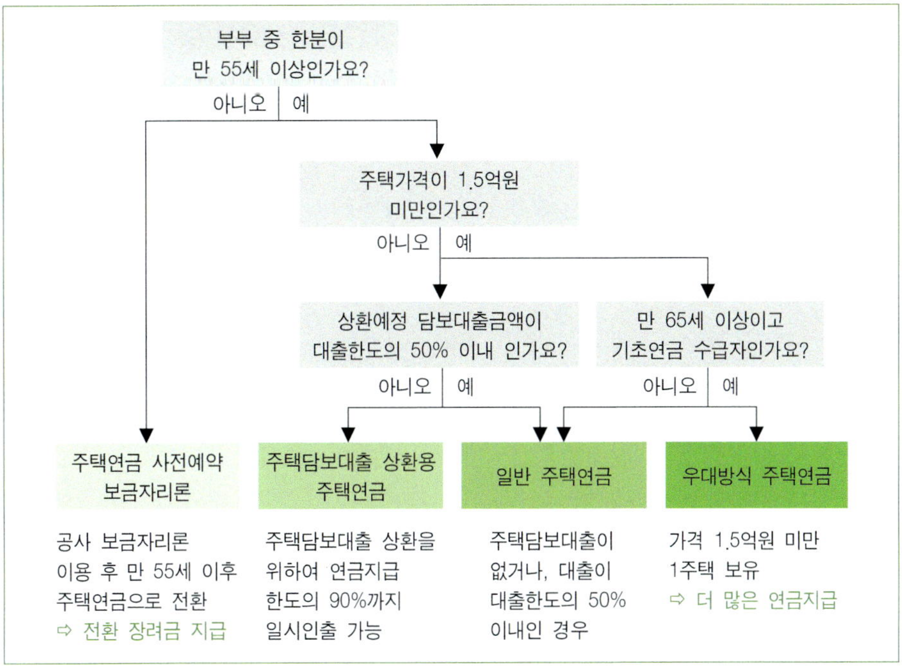

3.6.2 사전예약 보금자리론

주택연금 사전예약 보금자리론은 한국주택금융공사에서 취급하는 U-보금자리론을 말한다. 본인 또는 배우자가 만 40세 이상인 고객이 보금자리론을 신청하면서 주택연금 가입을 사전에 예약하고, 주택연금 가입연령에 도달 시(만 55세 이후 전환 희망 시) 주택연금으로 전환하는 상품이다.

사전예약 보금자리론을 주택연금으로 전환 시 우대금리(0.15%p 또는 0.3%p) 누적액을 전환장려금 형태로 일시에 지급한다. 다만, 주택연금 사전예약 보금자리론 대출이 공사로 양수된 경우에만 우대금리 누적액을 지급한다.

구 분	세부 내용
사전예약 대상	• 본인 또는 배우자가 만 40세 이상
보유 주택수	• 본인과 배우자 기준 무주택자이거나 1주택 소유자
소득기준	• 연소득 7천만원 이하(미혼이면 본인만, 기혼이면 부부합산) • 신혼가구인 경우 부부합산 연소득 85백만원 이하
대출만기	• 10년, 15년, 20년, 30년, 40년, 50년 * 만 45세 미만인 경우 대출 만기 10년 선택불가

1주택 소유자가 구입용도로 대출을 신청하는 경우 기존 보유주택을 처분약정 후 대출취급 가능하며, 처분기한 이내에 주택을 처분하지 않은 경우에는 대출을 상환하여야 한다.

4 주택연금 지급

4.1 주택연금 지급방식

주택연금의 월지급금 지급방식으로는 종신지급방식과 종신혼합방식, 확정기간방식과 확정기간혼합방식, 대출상환방식, 우대지급방식과 우대혼합방식이 있다.

주택연금은 전액 연금으로 수령하는 방법과 일부 인출한도를 설정해서 목돈으로 사용하고 남는 금액으로 연금을 수령하는 방법이 있다. 인출한도를 설정할 경우에는 인출한도를 설정한 만큼 주택연금 월지급금이 줄어든다.

인출한도를 설정한 경우 사용한 수시인출금을 상환하면 인출한도 및 월지급금이 회복되고, 다시 인출할 수 있다. 다만, 인출한도 회복은 고객 당 1회만 가능하다. 인출한도 회복 및 추가인출을 무제한적으로 허용할 경우, 주택연금이 한도대출화 될 가능성이 높아 매월 일정금액 지급으로 안정적 노후생활을 지원하고자 하는 주택연금 제도 취지에 어긋나기 때문이다.

지급방식	지급 종류	지급 내용
종신방식	종신지급방식	종신토록 지급
	종신혼합방식	인출한도(50% 이내) 설정 후 나머지를 종신지급
확정기간	확정기간방식	인출한도(5% 의무) 설정 후 나머지를 일정기간 지급
	확정기간혼합방식	인출한도(50% 이내) 설정 후 나머지 일정기간 지급
주택담보대출 상환방식		주택담보대출 상환용 인출한도(50%~90%) 설정 후 나머지를 종신지급
우대방식	우대지급방식	종신지급
	우대혼합방식	인출한도(45% 이내) 설정 후 나머지를 종신지급

4.1.1 종신방식

종신방식은 주택연금을 종신토록 지급받는 방식이다. 종신방식은 다시 종신지급방식과 종신혼합방식으로 구분 한다.

종신혼합방식은 본인이 필요한 자금의 규모에 따라 대출한도의 50% 이내에서 인출한도를 설정할 수 있고, 인출한도 내에서 언제든지 인출해서 목돈으로 사용할 수 있다. 다만, 신탁방식 주택연금에 가입한 경우 임대차보증금 반환 목적에만 최초 가입시점에 대출한도의 90%까지 인출한도를 설정할 수 있다.

4.1.2 확정기간방식

확정기간방식은 고객이 선택한 일정기간 동안만 주택연금을 지급받는 방식이다. 일정부분 노후준비를 완료한 고객이 부족한 자금을 주택연금으로 수령하고자 하거나, 보유하고 있는 부동산 등을 현금화하는데 시간이 소요되는 고객 또는 현재는 자금이 부족하나 노후에 자금이 마련되는 고객이 선택하면 된다.

확정기간혼합방식은 대출한도의 50% 이내에서 인출한도를 설정하여 수시로 찾아 쓰고 나머지 금액을 고객이 지정한 일정기간 동안만 주택연금으로 지급받는 방식이다. 다만, 확정기간방식은 주택연금으로만 받는 경우에도 반드시 대출한도의 5%에 해당하는 금액을 인출한도로 설정해야 하는데, 이를 의무설정인출한도라고 한다. 동 인출한도는 매월 연금으로 지급받는 기간이 종료된 이후 담보주택관리비, 의료비의 용도로만 사용할 수 있다. 확정기간혼합방식은 소유주택이 노인복지주택인 경우 선택할 수 없다.

확정기간방식 정액형의 경우에는 부부 중 연령이 낮은 사람 기준으로 지급기간에 따라 5가지 유형 중 하나를 선택할 수 있으며, 가입 이후에는 지급기간 변경이 불가능하다.

지급기간	10년형	15년형	20년형	25년형	30년형
대상연령	65 ~ 74세	60 ~ 74세	55 ~ 68세	55 ~ 63세	55 ~ 57세

4.1.3 주택담보대출 상환방식

거주하고 있는 주택에서 이미 주택담보대출을 받고 있어서 주택연금에 가입하기 곤란한 경우 선택하는 월지급금 지급방식이다. 해당 주택담보대출 상환용으로 대출한도의 50% 초과 90% 범위 이내에서 인출한도를 설정한 후 일시에 인출하여 기존 주택담보대출을 상환하고 나머지 금액으로 종신토록 주택연금을 지급받는 방식이다.

주택연금의 금리 조건 등이 기존 주택담보대출보다 더 좋기 때문에 기존 주택담보대출을 대출상환방식의 주택연금으로 갈아타는 것이 더 유리하다.

4.1.4 우대방식 주택연금

우대방식은 기초연금 수급자에게 종신지급방식보다 우대하여 지급하는 주택연금을 말한다. 즉, 우대방식은 주택소유자 또는 배우자가 기초연금 수급자이고, 부부기준 공시가격 등이 1.5억원 미만인 1주택 보유자에게 종신지급방식보다 월지급금을 최대 약 21% 우대하여 지급받는 방식이다.

우대지급방식은 별도의 인출한도 설정 없이 우대받은 주택연금을 종신토록 지급받는 방식이고, 우대혼합방식은 대출한도의 45% 이내에서 인출한도를 설정한 후 나머지 금액을 우대받은 주택연금으로 종신토록 지급받는 방식이다.

기초연금 수급자가 거주하는 주택에 주택담보대출이 있거나, 채무를 상환하기 위하여 목돈이 필요한 경우 우대혼합방식을 가입하면 된다. 하지만, 우대혼합방식은 주택연금으로 수령하는 금액에 대해서만 약 21% 우대를 적용 받고, 목돈으로 인출하는 금액에 대해서는 우대를 받지 못하기 때문에 꼭 필요한 금액이 아니면 우대지급방식을 선택하는 것이 더 유리하다.

4.1.5 주택연금 지급방식 간 변경

주택연금을 수령하는 중 다음의 경우에는 지급방식 간 변경이 가능하다.

① 종신지급방식 ⇨ 종신혼합지급방식
② 우대지급방식 ⇨ 우대혼합지급방식
③ 우대형 전환 요건 모두 충족시: 종신지급(혼합)방식 ⇨ 우대지급(혼합)방식

주택연금 가입 당시에는 기초연금 수급자 요건을 갖추지 못해서 종신방식을 선택했으나, 가입 이후에 기초연금 수급자 요건을 갖추고, 우대형 전환 요건을 갖춘 경우에는 종신지급(혼합)방식에서 우대지급(혼합)방식으로 지급방식을 변경할 수 있다.

우대형 전환 요건

① 가입 시 부부 중 1인 이상이 만 65세 이하로서 부부기준 1.5억원 미만의 1주택만 소유하고 있으나, 기초연금 수급자가 아니어서 우대형 가입을 못한 경우일 것
② 가입 시 만 65세 이하였던 본인 또는 배우자가 만 66세가 되기 전까지 기초연금 수급권을 취득하고 우대형 전환을 위한 조건변경 신청을 완료할 것
③ 우대형 전환을 위한 조건변경 신청 시 부부기준 1.5억원 미만의 1주택만 소유하고 있으며, 지급유형이 정액형이고 인출한도가 45% 이내일 것

4.2 월지급금 지급유형

지급방식에 따라 선택할 수 있는 월지급금 지급유형은 아래와 같이 정해져 있다.

지급방식	종신방식	확정기간방식/대출상환방식/우대방식
지급유형	정액형, 초기증액형, 정기증가형	정액형

정액형은 월지급금을 매월 일정한 금액으로 고정하는 방식이다. 초기증액형은 초기 일정기간 동안은 정액형보다 많이 받다가 해당기간 이후부터는 초기 월지급금의 70% 수준으로 받는 방식으로, 초기 일정기간은 3년, 5년, 7년 또는 10년 중에서 선택이 가능하다. 정기증가형은 최초 월지급금은 정액형보다 적게 받지만 월지급금이 매 3년마다 4.5%씩 증가하는 방식이다.

종신방식의 경우에는 최초 연금 실행일로부터 3년 이내에 1회에 한하여 지급유형 변경(정액형 ⇔ 초기 증액형 또는 정액형 ⇔ 정기증가형)이 가능하다.

종신방식(정액형) 월지급금 예시

(단위: 천원)

연령	주택가격								
	1억원	2억원	3억원	4억원	5억원	6억원	7억원	8억원	9억원
50세	123	246	370	493	616	740	863	986	1,110
55세	161	322	483	644	805	967	1,128	1,289	1,450
60세	213	427	641	855	1,069	1,283	1,496	1,710	1,924
65세	255	510	765	1,020	1,276	1,531	1,786	2,041	2,296
70세	308	617	926	1,234	1,543	1,852	2,160	2,469	2,756
75세	380	760	1,140	1,520	1,901	2,281	2,661	2,970	2,970
80세	480	960	1,440	1,920	2,400	2,881	3,302	3,302	3,302

4.3 가입조건 변동 시 연금지급

4.3.1 가입자 사망 시 절차

가입자가 중도에 사망할 경우 그 배우자가 6개월 이내에 담보주택 소유권이전 등기(신탁방식 주택연금의 경우는 제외) 및 금융기관에 대한 노후생활자금 금전채무의 인수를 마쳐야 주택연금을 배우자가 승계하여 수령할 수 있다. 배우자가 소유권 이전 등기(신탁방식 주택연금은 제외) 및 금융기관 채무인수를 완료할 때까지 주택연금은 일시적으로 지급정지 된다.

4.3.2 이사 등 담보주택 변경

주택연금 이용 중 이사 등으로 거주지를 이전하는 경우, 공사의 담보주택 변경 승인을 받아 담보주택을 기존 거주주택에서 새로운 거주주택으로 변경할 수 있다. 주택연금을 계속 이용하기 위해서는 새로운 거주주택(신규주택)으로 담보주택을 변경하여야 하며, 이 때 신규주택의 공시가격 등은 조건변경 승인일을 기준으로 9억원 이하이거나, 기존 거주주택(기존주택) 공시가격 등 보다 낮거나 같아야 한다.

기존주택과 신규주택의 가격을 각각 평가하여, 평가 결과 담보가치가 증가·동일·감소함에 따라 월지급금이 증가, 동일 또는 감소할 수 있다. 다만, 경우에 따라 이사가 불가능할 수 있으며, 담보가치변경에 따른 담보가치 증감에 따라 월지급금이 달라지거나 정산해야 할 수도 있으므로, 사전에 공사에 문의해서 확인한 후 진행하여야 한다. 또한, 기존 보증계약을 유지하면서 일반주택과 노인복지주택 및 주거목적 오피스텔 간의 담보주택변경은 허용되지 않는다.

구 분		대출상환	월지급금 변동
담보가치가 감소한 경우	보증잔액 ≥ 담보가치 감소액	보증잔액 일부 상환	변동 없음
	보증잔액 < 담보가치 감소액	보증잔액 전부 상환	월지급금 감소
담보가치가 동일한 경우		없음	변동 없음
담보가치가 증가한 경우		없음	월지급금 증가 초기보증료 추가 납부

담보가치가 증가하는 경우 월지급금은 증가하나, 월지급금 산정을 위해 적용된 담보가치의 누계가 12억원을 초과하는 경우 담보가치 12억원을 한도로 증액하며, 담보주택 변경 전에 월지급금 산정을 위해 적용된 담보가치가 이미 12억원을 초과한 경우에는 월지급금이 증가하지 않을 수 있다.

우대지급(혼합)방식을 이용하는 경우에는 주택가격에 따라 종신지급(혼합)방식 보다 더 많은 월지급금을 지급하고 있기 때문에, 담보주택 변경으로 담보가치가 증가하는 경우 또는 재건축 등에 따라 추가분담금을 납부하더라도 월지급금이 증가하지 않는다. 이 경우, 초기보증료를 추가적으로 납부할 필요가 없다.

4.3.3 우대지급방식의 지급조정사유

우대지급방식은 노후소득 수준이 낮은 기초연금 수급자를 대상으로 종신지급방식 보다 약 21% 특별히 우대하여 지급하고 있다. 따라서 주기적으로 우대자격 여부를 검증한다.

우대지급(혼합)방식을 선택한 경우에는 고객과 배우자의 보유주택수는 1주택으로 제한되며, 가입 후에도 보유주택수를 조사하여 우대자격 여부를 검증한다. 즉, 최초 주택연금 실행일로부터 1년이 경과한 때부터 연 1회에 한하여 검증한다.

공사의 검증 절차에 따라서 주택연금 가입 후 담보주택 외의 주택을 보유한 것을 공사가 확인한 경우에는 6개월 이내에 해당 주택을 처분할 것을 요청하며, 처분하지 않은 경우에는 주택연금대출(월지급금, 인출한도 등)을 90%수준으로 조정하여 지급한다. 다만, 월지급금 등이 조정된 이후에 담보주택 외의 주택을 처분하고 그 사실을 증빙서류 등으로 입증한 경우에는 다음 월지급금 지급일부터 조정된 금액을 회복하여 지급한다.

4.3.4 대상주택의 재건축 등에 따라 신규주택 입주하는 경우

주택연금 이용 중 재건축 등에 참여하는 경우, 담보주택이 멸실되더라도 주택연금을 계속 이용할 수 있으며, 향후 해당 사업이 완료되면 신규주택으로 담보주택을 변경하야야 한다. 다만, 공사법 및 시행령에 의거하여 재건축 등 참여 시에도 공사의 1순위 근저당권이 반드시 유지되어야 하므로 조합 등으로부터 제공되는 이주비대출을 받지 못할 수 있다.

이 경우 담보주택 변경에 따른 담보가치의 증감은 신규주택에 입주하기 위하여 재건축 등 사업기간 중 납부하는 추가분담금 또는 수령하게 되는 환급금을 기준으로 판단한다. 추가분담금을 납부하는 경우에는 그 추가분담금 만큼 담보가치가 증가한 것으로 판단하며, 환급금을 수령하는 경우에는 그 환급금만큼 담보가치가 감소한 것으로 판단한다. 추가분담금 납부 또는 환급금 수령이 없는 경우에는 담보가치가 동일한 것으로 보고 아래와 같이 처리한다. 다만, 경우에 따라 담보주택 변경이 불가능할 수 있으며, 추가분담금을 납부하여 담보가치가 증가한 것으로 판단하는 경우에도 주택가격 12억원에 해당하는 월지급금까지만 지급받을 수 있으므로, 반드시 이사 가능여부 등을 사전에 문의해 봐야 한다.

담보가치 비교	월지급금	비 고
추가분담금 및 환급금 없는 경우 ⇨ 담보가치 동일	동일	
추가분담금을 납부하는 경우 ⇨ 담보가치 증가	증가	• 초기보증료 추가 납부
환급금을 수령하는 경우 ⇨ 담보가치 감소	동일	• 보증(대출)잔액 ≥ 환급금 • 환급금 전부로 보증잔액 일부 상환
	감소	• 보증(대출)잔액 < 환급금 • 환급금 일부로 보증잔액 전액 상환

우대지급(혼합)방식을 이용하는 경우에는 주택가격에 따라 종신지급(혼합)방식보다 더 많은 월지급금을 지급하고 있기 때문에, 담보주택 변경으로 담보가치가 증가하는 경우 또는 재건축 등에 따라 추가분담금을 납부하는 경우에도 월지급금을 더 지급하지 않는다. 이 경우, 초기보증료를 추가적으로 납부할 필요도 없다.

4.4 주택연금 전용계좌

4.4.1 주택연금 전용계좌 개요

주택연금을 수령할 경우에는 주택연금 전용계좌(주택연금 지킴이 통장)을 사용한다. 주택연금 전용계좌란 주택연금 월지급금 중 최저생계비인 185만원 이하의 금액만 입금되며, 입금된 금액에 대해서는 압류가 금지되는 주택연금 수급 전용통장을 말한다.

4.4.2 이용 가능 대상자

주택연금을 신규로 신청하거나 현재 이용 중인 고객은 모두 신청이 가능하다. 다만, 주택연금 월지급금이 185만원 초과하는 경우에는 주택연금 전용계좌와 일반계좌 둘 다 주택연금 수령계좌로 등록한 후 185만원은 주택연금 전용계좌로 수령하고, 185만원을 초과하는 금액은 일반계좌로 수령하면 된다. 예를 들어 200만원을 수령할 경우에는 185만원은 주택연금 전용계좌로 수령하고, 15만원은 일반계좌로 수령하면 된다.

4.4.3 신청방법 및 절차

가까운 주택금융공사를 방문 또는 유선으로 '주택연금 전용계좌 이용대상 확인서'를 발급 신청하여 발급받은 후 주택연금대출을 약정한 은행 영업점을 방문하여 '주택연금 지킴이 통장' 개설을 신청하면 된다.

통장이 개설된 경우 은행에 주택연금 수령계좌로 등록해 달라고 요청한 후 이용하면 된다.

① 확인서류 발급	② 통장개설 신청	③ 수령통장 등록
공사 방문 및 유선 신청 – 주택연금 지급계좌 이용대상 확인서	취급은행 방문 – 주택연금 지킴이 통장 개설	취급은행 – 주택연금 수령계좌 등록

5 주택연금 상환

5.1 중도해지

5.1.1 중도해지 방법

주택연금 가입자는 취급은행으로부터 이미 받은 대출을 전부 상환하고 주택연금 가입을 해지할 수 있다. 대출금 전부 상환 시 상환일 현재 다음의 금액 중 적은 금액 이상을 상환해야 한다.

① 담보주택 가격
② 보증부대출 잔액

한국주택금융공사는 가입자가 대출을 전부 상환한 경우에는 담보주택에 대한 근저당권 설정 등기 및 신탁등기를 말소해야 한다.

5.1.2. 중도해지 후 재가입

주택연금을 이용하다가 중도 해지한 경우에는 해지일로부터 3년 동안 같은 주택을 담보로 다시 주택연금에 가입할 수 없다. 다만, 재가입 시점의 주택가격(평가액)이 직전 가입 시점의 주택가격(평가액)에 직전 가입 시점의 연금모형 상 주택가격상승률을 적용한 가액보다 낮거나 같은 경우에는 재가입할 수 있다.

같은 주택	재가입시 주택가격 > 당초 주택가격 × [1 + 주택가격상승률/12]^t	재가입 불가
	재가입시 주택가격 ≦ 당초 주택가격 × [1 + 주택가격상승률/12]^t	재가입 가능
다른 주택	주택변경(이사)	재가입 가능

5.1.3 중도해지 시 유의사항

주택연금을 이용하다가 중도해지 하는 경우 주택연금 재가입이 어려우며 노후 생활비 마련방안 등으로 주거불안 우려가 있으니, 사전에 공사 담당자와 충분히 상담을 한 후 신중히 결정할 필요가 있다.

재가입 어려움	주거불안 가중 우려
• 동일주택으로 3년 동안 재가입 제한	• 상환자금 또는 생활자금 마련을 위해 타 대출을 이용할 경우 매달 원리금 상환부담 발생 ※ 주택연금은 이용 중 원리금 상환부담이 없어 연체 등에 따른 주거불안이 발생하지 않음
• 재가입 시에는 초기보증료 추가부담	
• 주택가격이 상승하는 경우 가격제한 등으로 재가입이 어려울 수 있음	

5.2 주택연금 상환

5.2.1 상환시기

주택연금은 원칙적으로 가입자와 배우자가 생존하는 동안에는 변제하지 않아도 된다. 그러나 다음의 경우에는 변제시기가 도래 되어 대출금을 상환해야 한다.

① 가입자와 배우자가 모두 사망한 경우
② 가입자가 사망한 후 6월 이내에 배우자 앞으로 주택지분 전부에 대한 소유권 이전등기와 연금대출의 채무인수를 하지 않은 경우
③ 가입자와 배우자 모두 주택에서 다른 장소로 주민등록을 이전한 경우
④ 가입자와 배우자 모두 1년 이상 계속하여 주택에서 실제로 거주하지 않는 경우
⑤ 담보주택의 소유권을 상실한 경우 (예를 들어 매각, 증여 등)
⑥ 대출잔액이 근저당권의 채권최고액을 초과할 것으로 예상되어, 공사나 금융기관이 채권최고액 변경을 요구하였으나 응하지 않은 경우
⑦ 법원의 판결 등에 의하여 근저당권 설정계약이 무효·취소되는 경우
⑧ 기타 공사가 정하여 통지한 일정한 사유가 발생한 경우

5.2.2 상환방법

상환일 현재 주택가격과 대출(보증)잔액 중 적은 금액을 변제하면 된다. 현금으로 임의변제가 어려운 경우에는 주택을 처분하여 변제할 수 있다.

가입자나 자녀(상속인)가 대출잔액을 전액 현금으로 변제하는 경우에는 주택을 처분하지 않는다. 주택을 처분하여 변제하고자 하는 경우에는, 임의로 매각하거나 경매로 처분하는 방법 중에서 선택할 수 있다. 다만, 임의로 매각할 때에는 공사가 정한 기한 이내에 공사가 정한 가격 이상으로 매각해야 한다.

주택연금의 상환은 담보주택에 대하여만 가능하다. 즉, 만약 주택가격만큼 상환하고 부족하더라도 공사는 가입자나 자녀(상속인)에게 그 부족한 부분을 청구하지 않는다.

돈이 되는 연금 꿀팁

제3장

농지연금 꿀팁

1. 농지연금 핵심
2. 농지연금 개요
3. 농지연금 가입
4. 농지연금 지급
5. 농지연금 상환

1 농지연금 핵심

1.1 상담전화: 한국농어촌공사 ☎ 1577-7770

1.2 농지연금 가입

구 분	농지연금 요건
가입연령	• 농지소유자 본인이 만 60세 이상
영농경력	• 농업인의 영농경력이 5년 이상일 것
대상농지	• 신청일 현재 다음 각 호의 요건을 모두 충족 ① 실제 영농에 이용되고 있는 농지(공부상 지목이 전 · 답 · 과수원) ② 2년 이상 보유한 농지(상속받은 농지는 피상속인의 보유기간 포함) ③ 농업인의 주소지가 담보농지 소재지 또는 연접한 시 · 군 · 구 내에 있거나, 주소지와 담보농지까지의 직선거리가 30km 이내 ②와 ③ 요건은 2020.1.1일 이후 신규 취득한 농지부터 적용

1.3 농지연금 지급

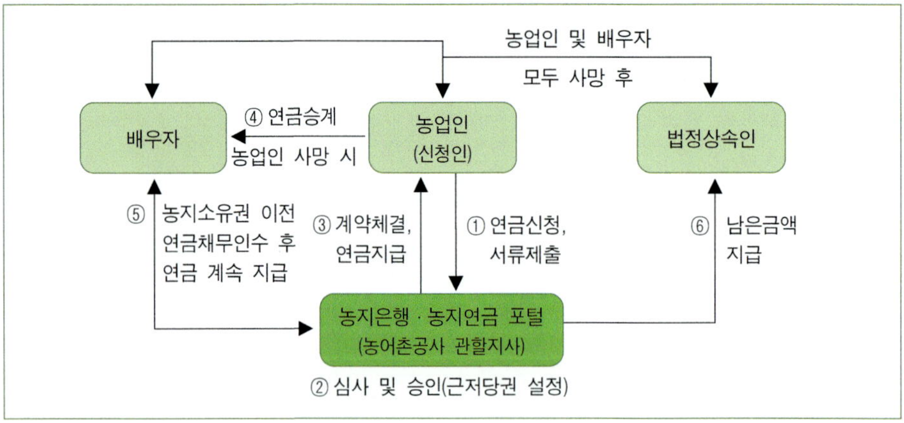

1.4 농지연금의 장점

- 연금을 받으면서 담보농지를 직접 경작하거나 임대해서 소득 창출
- 부부 중 한 분이 돌아가신 경우에도 연금감액 없이 100% 평생지급
- 부부 모두 사망 후 농지를 처분해서 연금수령액을 정산한 후 남으면 상속인에게 지급하고, 모자라면 국가가 책임짐
- 6억원까지 재산세 전액 감면 및 압류 위험으로부터 연금 보호

2 농지연금 개요

2.1 농지연금 개념

농지연금은 만 60세 이상인 농업인이 소유한 농지를 담보로 제공하고 한국농어촌공사로부터 노후생활안정자금을 매월 연금방식으로 지급받는 제도이다. 즉, 농지자산을 유동화하여 노후생활자금이 부족한 고령농업인의 노후 생활안정 지원으로 농촌사회의 사회안전망 확충 및 유지를 위함이다.

최근 농업인구의 고령화가 심화되고, 스스로 노후생활자금을 마련해야 하는 농업인이 증가하면서 농지연금에 대한 관심이 높아지고 가입자 수도 급증하고 있다.

하지만, 농지연금은 농지를 담보로 제공하고 받는 분할대출에 해당되기 때문에 대출원금 이외에 대출이자와 위험부담비용, 근저당권 설정비용 등 추가로 지불해야 되는 가입비용을 모두 고려하여 신청 여부를 판단할 필요가 있다.

2.2 농지연금의 장점

2.2.1 부부 종신 지급

농지연금을 받던 농업인이 사망할 경우 배우자가 승계하면 배우자 사망시까지 계속해서 농지연금을 받을 수 있다. 다만, 신청당시 배우자가 연금승계를 선택한 경우에 한한다.

2.2.2 영농 또는 임대소득 가능

연금을 받으면서 담보농지를 직접 경작하거나 임대할 수 있어 연금 이외의 추가소득을 얻을 수 있다.

2.2.3 재정지원으로 안정성 확보

정부예산을 재원으로 하며 정부에서 직접 시행하기 때문에 안정적으로 연금을 지급받을 수 있다.

2.2.4 연금채무 부족액 미청구

연금채무 상환시 담보 농지 처분으로 상환하고 남은 금액이 있으면 상속인에게 돌려주고, 부족하더라도 더 이상 청구하지 않는다.

2.2.5 재산세 감면

6억원 이하 농지는 전액 감면되며, 6억원 초과 농지는 6억원까지 감면된다.

2.2.6 압류위험으로부터 연금 보호

'농지연금 지키미 통장'에 가입하여 월185만원까지 압류위험으로부터 연금을 보호받을 수 있다.

3 농지연금 가입

3.1 농지연금 가입요건

농지연금에 가입하기 위해서는 다음 요건을 충족해야 한다.

구 분	농지연금 요건
가입연령	• 농지소유자 본인이 만 60세 이상
영농경력	• 농업인의 영농경력이 5년 이상일 것
대상농지	• 신청일 현재 다음 각 호의 요건을 모두 충족 ① 실제 영농에 이용되고 있는 농지(공부상 지목이 전·답·과수원) ② 2년 이상 소유한 농지(상속받은 농지는 피상속인의 보유기간 포함) ③ 신청인의 주소지가 담보농지 소재지 또는 연접한 시·군·구 내에 있거나, 주소지와 담보농지까지의 직선거리가 30km 이내 ②와 ③ 요건은 2020.1.1일 이후 신규 취득한 농지부터 적용
권리침해	• 경매신청, 압류, 가압류, 가처분, 가등기 등이 없는 농지
제한물권	• 근저당권, 지상권, 지역권, 임차권등기 등이 없는 농지

3.1.1 가입연령

신청연도 말일 기준으로 농지소유자 본인이 만 60세 이상이어야 한다. 기간형 상품의 경우 지급방식에 따라 일정 연령이상 시 신청이 가능 하다. 연령은 민법상 연령을 말하며, 주민등록상 생년월일을 기준으로 계산하여 적용한다.

3.1.2 영농경력

신청일 현재 농업인의 영농경력이 5년 이상이어야 한다. 즉, 농지연금 신청일 기준으로부터 과거 5년 이상 영농경력 조건을 갖추어야 한다.

영농경력은 신청일 직전 계속 연속적일 필요는 없으며 전체 영농 기간 중 합산

5년 이상이면 된다. 영농경력 5년 이상 여부는 농지대장, 농업경영체등록확인서, 농협조합원가입증명서(준조합원 제외), 국민연금보험료 경감대상농업인 확인서류 등으로 확인한다.

3.1.3 대상농지

대상농지는 농지연금 신청일 현재 다음 요건을 모두 충족하여야 한다.

① 농지법 상의 농지 중 공부상 지목이 전·답·과수원으로서 신청인이 소유하고 있고 실제 영농에 이용되고 있는 농지
② 신청일 현재 신청인이 2년 이상 보유한 농지
- 상속받은 농지는 피상속인의 보유기간 포함
③ 신청인의 주소지(주민등록 상 주소지 기준)가 담보농지가 소재하는 시·군·구 및 그와 연접한 시·군·구 내에 있거나, 주소지와 담보농지까지의 직선거리가 30km 이내의 지역에 위치하고 있는 농지

②와 ③ 요건은 2020.1.1일 이후 신규 취득한 농지부터 적용

농지에 불법건축물 및 농업용 목적이 아닌 시설 등이 없어야 하며, 저당권 등 제한물권이 설정되지 아니한 농지여야 한다. 다만, 선순위 채권최고액이 담보농지 가격의 100분의 30미만인 농지는 가입이 가능하다.

3.1.4 제외농지

다음의 농지는 담보농지로 활용할 수 없다.

① 불법건축물이 설치되어 있는 토지
② 본인 및 배우자 이외의 자가 공동소유하고 있는 농지
③ 개발 지역 및 개발계획이 지정 및 시행 고시되어 개발계획이 확정된 지역의 농지 등 농지연금 업무처리요령에서 정한 제외 농지
④ 2018년 1월 1일 이후 경매 및 공매(경매, 공매 후 매매 및 증여 포함)를 원인으로 취득한 농지

2018년 1월 1일 이후 경매 및 공매(경매, 공매 후 매매 및 증여 포함)를 원인으로 취득한 농지의 경우에는 농지연금 신청일 현재 신청인의 담보농지 보유기간이 2년 이상이면서 '담보농지가 소재하는 시군구 및 그와 연접한 시군구 또는 담보농지까지 직선거리 30km' 내에 신청인이 거주(주민등록상 주소지 기준)하는 경우 담보 가능하다.

3.2 농지연금 가입절차

3.2.1 농지연금신청서 작성

농지은행·농지연금 포털(인터넷)에서 본인인증 또는 로그인 후 농지연금 신청서를 작성한다. 한국농어촌공사의 관할지사 상담원이 전화를 해서 농지연금 상담 후 필요한 제출서류를 안내한다.

농지연금 가입 절차

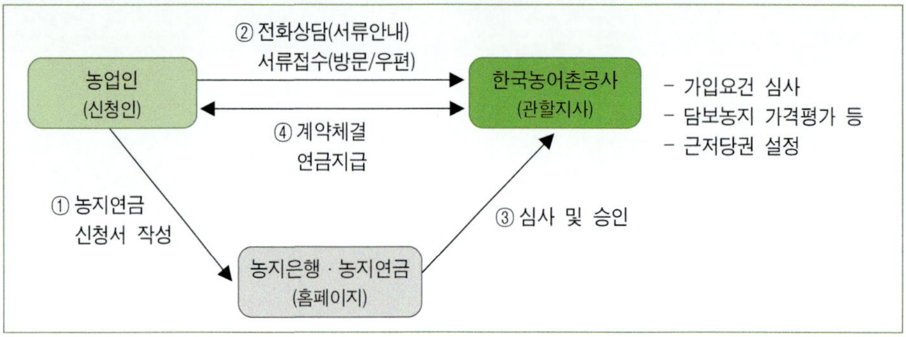

3.2.2 서류접수 및 심사

안내받은 제출서류를 한국농어촌공사 관할지사로 방문 또는 우편으로 제출한다. 우편으로 제출할 경우에는 제출서류에 신청번호를 기록하여 제출해야 한다.

농지은행·농지연금 포털(인터넷)에서 온라인으로 신청하고, 14일 이내에 서류를 제출하지 않을 경우에는 해당 신청 건은 자동으로 취소처리가 된다.

제출서류가 접수되면 신청한 내용과 함께 관할지사 담당자가 심사를 진행하며, 신청한 내용을 접수완료 또는 신청불가로 처리한다. 농지연금은 한국농어촌공사의 가입요건 등 심사를 거쳐 승인이 된다. 신청한 농지연금의 진행상태는 농지은행·농지연금 포털(인터넷) 내 마이페이지를 통해서 확인할 수 있다.

3.2.3 담보농지 가격평가

담보농지의 가격평가는 개별공시지가의 100%와 감정평가가격의 90% 중 가입자가 선택할 수 있다.

① 또는 ②의 방법 중 가입자가 선택

① 개별공시지가의 100%
② 감정평가가격의 90%

농지가격 평가를 개별공시지가가 아닌 감정평가가격으로 평가를 원하는 경우 감정평가 동의서를 추가 제출하여야 한다.

3.2.4 근저당권 설정

농지를 담보로 제공하고 분할대출 형식으로 농지연금을 받기 때문에, 담보농지에 대해서 근저당권 설정하여야 한다. 근저당권 설정 순위는 원칙은 1순위로 근저당권을 설정해야 하나. 해당 담보농지에 설정된 채권최고액이 담보농지 가격의 30%미만일 경우에는 가입 가능하다. 제3자(자녀, 형제)의 소유 농지를 담보로 농지연금에 가입할 수 없다.

설정금액은 가입자가 100세까지 농지연금을 받는다는 가정 하에(기간형의 경우는 100세까지 생존한다는 가정 하에 그때까지 발생하는) 농지연금채무액(수시인출형의 경우에는 인출가능총액을 1회차 월지급금과 함께 지급한 것으로 가정함)의 120%를 설정하게 된다. 다만, 경영이양형의 경우에는 약정기간 만료 시까지의 농지연금채권총액의 120%를 설정한다.

또한, 담보제공 농지에 근저당권 설정 이후부터는 공사의 동의 없이 저당권 또는 가등기 담보권, 지상권 등 제한물권을 설정하거나, 다른 채권자로부터 압류, 가압류 등 소유권 이외의 권리가 설정된 경우 월지급금이 지급정지 될 수 있다.

3.2.5 계약체결

신청한 농지연금이 승인된 경우에는 필요한 서류를 가지고 관할지사를 방문해서 계약관련 서류를 작성하고 계약을 체결한다. 한국농어촌공사는 담보농지에 대하여 공시지가 또는 감정평가기관을 통하여 감정을 완료한 후 1순위 근저당권을 설정하고 농지연금을 지급한다.

3.3 농지연금 가입비용

농지연금 가입비용 중 대출이자는 연금지급총액(대출잔액)에 가산된다. 따라서 가입자가 직접 현금으로 납부하는 금액은 없다.

가입비용 = 대출이자 + 위험부담비용 + 근저당권 설정비용

3.3.1 대출이자

농지연금 대출이자율은 농지연금 가입 신청 시 신청자가 다음 조건의 고정금리와 변동금리 중 한 가지를 선택할 수 있다.

금리종류	고정금리	변동금리
대출이자율	연 2%	6개월 변동금리

농지연금에 적용되는 대출금리는 고정금리와 변동금리 모두 시중은행의 일반대출금리보다 낮게 적용된다. 고정금리는 연 2%로 농지연금을 수령하는 기간동안 고정해서 적용된다. 변동금리는 농업정책자금 변동금리대출의 적용금리를 사용하며, 시장금리의 변동을 반영하여 매 6개월마다 대출금리를 재조정한다.

고정금리와 변동금리를 선택할 때 가장 중요한 것은 향후 금리전망이다. 따라서 가입시점의 금리수준이 통상적인 수준보다 높다면 향후 시장금리가 하락할 가능성이 높기 때문에 변동금리를 선택하면 되고, 금리수준이 낮다고 판단되면 이미 절대금리 수준이 낮기 때문에 향후 금리전망과 상관없이 고정금리를 선택하는 것이 유리하다.

3.3.2 위험부담비용

농지연금 가입자는 위험부담비용인 위험부담금을 부담하여야 한다. 위험부담금은 매월 농지연금 지급 시에 농지연금채권액의 연 0.5%를 농지연금채무에 포함하며, 지원약정이 해지될 때 납부하게 된다. 위험부담비용은 수명연장 등으로 장기간 연금지급에 따른 미래손실액을 충당하기 위하여 납부하는 것이다. 다만, 경영이양형의 경우에는 위험부담금을 부과하지 않는다.

3.3.3 근저당권 설정비용

근저당권 설정 시 법무사보수료 및 근저당권 해지비용은 가입자 본인이 부담하여야 한다. 다만, 근저당권 설정 시 필요한 비용(등록면허세, 지방교육세, 등기신청수수료)과 공사에서 직접 의뢰한 업체의 경우 법무사보수료는 60% 감액되어 적용된다.

또한, 가입자의 요청에 의하여 공사가 법무사보수료를 대납한 경우 최초 월지급금에서 법무사 보수료를 차감 후 농지연금을 지급하며, 월지급금이 법무사보수료를 충당하지 못할 경우, 다음 회차 월지급금에서 차감한다.

가입자가 직접 납부하기로 한 후 업체 청구에도 불구하고 10일 이내에 미납 시 공사가 대납하고, 월지급금에서 차감한다.

3.4 농지연금 제출서류

농지연금 신청절차에 따라 필요한 제출서류는 다음과 같다. 다만, 등기권리증을 분실한 경우에는 확인서면을 2부 작성하면 된다.

신청절차	제출서류
신청시	① 신분증 사본 각 1부(배우자 포함) ② 등기부등본: 담보대상 농지에 한함(필지별 각 1부) ③ 부동산종합증명서: 담보대상 농지에 한함(필지별 각 1부) ④ 농지원부 또는 농업경영체등록확인서
감정평가의뢰시	① 감정평가의뢰 등 동의서 1부 (자필서명 포함) ② 감정평가 보수료 대납요청서 1부 (자필서명 포함)
약정체결시	① 가족관계 증명서 1부 ② 주민등록초본(주소변동사항 포함) 1부 ③ 인감증명서(근저당권설정용) 1부 및 인감도장 ④ 통장사본(연금수급자 본인명의) 1부 ⑤ 등기권리증(등기권리증이 없는 경우는 신분증 지참)

3.5 농지연금 가입 취소

농지연금은 약정 체결일로부터 1회차 월지급금 지급 결정일까지 가입을 취소할 수 있다. 그리고 약정 체결일로부터 2회차 월지급금 지급 결정일까지(1일~10일 체결 시 익월 10일까지, 11일~31일 체결 시 익익월 10일까지) 가입을 철회할 수 있다.

구 분	세부내용
가입 취소	약정 체결일로부터 1회차 월지급금 지급 결정일까지
가입 철회	약정 체결일로부터 2회차 월지급금 지급 결정일까지

이 경우 농지연금 가입자는 위험부담금을 제외한 기 지급된 월지급금 및 이에 대한 이자(월지급금 지급일로부터 납부일 전일까지 약정이자율 적용)와 등록면허세, 지방교육세, 등기신청수수료를 반환하여야 한다. 그리고 약정의 취소 또는 철회에 따라 발생하는 비용은 가입자가 부담하여야 한다.

4 농지연금 지급

4.1 월지급금 지급한도

농지연금 월지급금은 가입연령, 상품유형, 농지가격에 따라 월 300만원으로 최고한도를 정하고 있다. 따라서 농지가격이 높을 경우에는 최고 월 300만원까지 받을 수 있다. 부부가 각각 신청할 수도 있으며, 이렇게 할 경우에는 부부 합산으로 최고 월 600만원까지 받을 수 있다. 농지연금은 가입자 및 배우자의 나이와 담보농지의 평가가격에 따라 월지급금이 결정된다.

4.2 농지연금 지급방식

농지연금을 수령하기 위해서는 지급방식을 선택해야 한다. 농지연금은 종신형과 기간형이 있다. 종신형은 생존하는 동안 매월 연금을 지급받는 방식이며, 기간형은 일정한 기간동안 매월 연금을 지급받는 방식이다.

구 분		세부내용
종신형	수시인출형	대출한도액의 30% 일시에 인출할 수 있는 방식
	전후후박형	가입 초기 10년 동안은 더 많은 월지급금을 받는 방식
	종신정액형	매월 일정한 금액을 종신토록 지급받는 방식
기간형	경영이양형	지급 기간 만료 후 공사에 담보농지 매도를 약정하고 일반형 보다 더 많은 월지급금을 받는 방식
	기간정액형	일정기간(5년, 10년, 15년) 동안 매월 일정금액을 받는 방식

4.2.1 종신형

1) 수시인출형

수시인출형은 농지연금 총지급가능액의 30%를 인출한도로 설정한 후 나머지 금액만 종신토록 연금을 수령하는 유형이다. 수시인출형으로 가입한 담보농지는 수시로 가입자가 필요한 시기에 신청을 통해 총 대출한도액의 30% 범위내(만원 단위)에서 인출이 가능 하다. 수시인출금 신청은 수시인출금을 받고자 하는 해당월의 전월말일까지 공사에 「농지연금수시인출금신청서」를 제출하여야 한다. 다만, 최초 월지급금 지급일에 수령을 원할 경우에는 약정 시 신청을 하면 된다.

수시인출금은 신청에 따라 정해진 시기에 지급함을 원칙으로 하나 농지관리기금 운용에 따라 지급시기가 변동될 수 있다. 수시인출형 월지급금은 농지연금 가입 시 인출가능 총액을 제외한 후 산출하게 되므로 종신정액형보다 인출한도 만큼 연금수령금액이 작아진다.

2) 전후후박형

전후후박형은 농지연금 가입 초기 10년 동안은 정액형 보다 더 많이 받다가 11년째부터는 더 적게 받는 유형을 말한다. 노후에 일정 소득이 예정된 경우 선택하는 유형이다. 초기에 연금을 더 많이 수령하다가 일정 소득이 발생하는 노후시점에 연금금액을 줄여서 발생한 소득과 함께 사용할 수 있다.

3) 종신정액형

종신정액형은 농지연금 가입자 및 배우자가 사망 시까지 매월 일정한 금액을 종신토록 지급하는 유형을 말한다. 일반적인 농지연금 수령 방식이다.

4.2.2 기간형

1) 경영이양형

경영이양형은 농지연금 지급기간이 종료되거나, 지급기간 중에 농지연금수급자가 사망하면 담보농지를 한국농어촌공사에 매도하여 연금채무를 상환할 것을 약정하는 유형이다. 경영이양형을 선택할 경우 일반적인 유형보다 연금을 더 많이 받을 수 있다.

경영이양형으로 가입한 담보농지는 연금지급기간이 종료되거나 지급기간 중에 농지연금수급자가 사망하면 매입시점기준 '맞춤형농지지원사업 업무지침(공공임대용 농지매입사업)'에 적합한 경우 매도하여야 한다.

만약, 경영이양형 농지연금 담보농지 매매계약 체결(약정해지) 통지일로부터 60일 이내에 담보농지의 매매계약을 체결하지 않아 농지연금채무를 정산할 수 없거나 농지연금채무 전부를 상환하지 않을 경우에는 해당농지에 설정된 근저당권 실행(임의경매를 통한 매각)으로 연금채무액을 회수하게 된다.

경영이양형 농지연금 담보농지의 매매계약시 공사에서 담보농지를 매입하는 금액은 감정평가법인 등이 평가한 금액으로 한다. 농지연금채무액은 담보농지 매매(매각)대금과 상계하게 된다. 만약, 농지처분금액(경매낙찰금액)으로 농지연금채무액을 상환하고 남으면 농지연금수급자가 돌려받고 농지처분금액(경매낙찰금액)으로 농지연금채무액을 상환하고 부족하더라도 농지연금수급자에게 그 부족분을 상환하도록 청구하지 않는다.

2) 기간정액형

기간정액형은 가입자가 선택한 일정기간 동안 매월 일정한 금액을 지급받는 유형을 말한다. 일정기간은 5년, 10년, 15년 3종류이다. 종신형보다 연금수령 금액이 많다. 기간정액형은 일정부분 노후준비가 된 농업인이 선택하는 유형이다. 따라서 본인이 이미 준비해 놓은 연금을 제외한 기간만큼 일정기간을 선택하는 것이다.

농지연금 종신형 월지급표 예시

구 분	농지가격(천원)				
	1억원	2억원	3억원	4억원	5억원
65세	384	767	1,151	1,535	1,919
70세	431	863	1,294	1,726	2,157
75세	493	986	1,479	1,972	2,464
80세	576	1,151	1,727	2,303	2,878
85세	698	1,396	2,094	2,793	3,000

4.3 농지연금 지급방식 변경

농지연금에 가입한 후 3년 이내 1회에 한하여 지급방식을 변경할 수 있다. 이 경우 변경시점까지의 농지연금채무(월지급금+대출이자+위험부담금)를 포함하여 월지급금이 재산정 된다. 다만, 경영이양형으로 최초 가입한 경우에는 변경이 불가하다.

4.4 지급방식별 가입가능연령

농지연금은 지급방식별로 가입가능연령이 다음과 같다.

지급방식	종신형/경영이양형	기간정액형		
		5년	10년	15년
가입연령	만 60세 이상	만 78세 이상	만 73세 이상	만 68세 이상

4.5 내게 맞는 농지연금 찾기

농지연금에 가입하기 위해서는 우선 농업인이 만 60세 이상이 되어야 하며, 그 다음에 농지연금을 수령하는 동안 목돈이 필요한지를 확인하여야 한다. 그리고 농지를 공사에 매도할 의사가 있는지 또는 가입 초반에 연금을 더 많이 받고 싶은지를 결정한 후 농지연금을 선택하면 된다.

내게 맞는 농지연금 찾는 절차

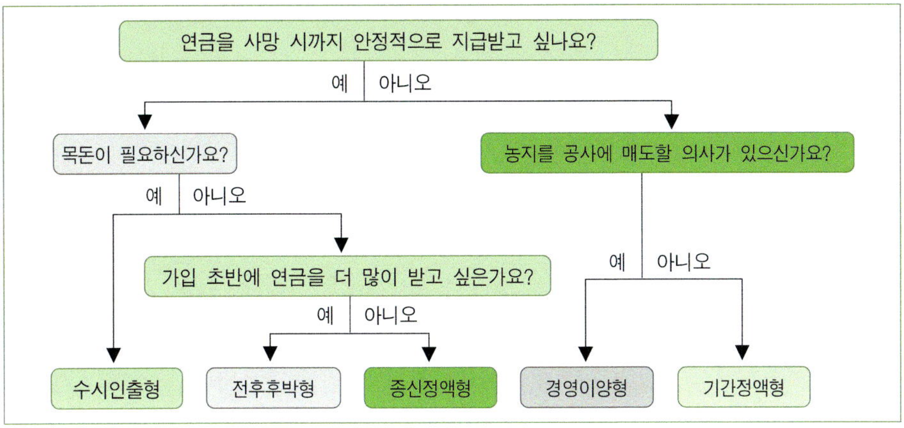

4.6 농지연금 전용계좌

4.6.1 농지연금 전용계좌 개요

농지연금 전용계좌는 전국 농협에서 취급하며, 농지연금을 수령할 경우에는 농지연금 전용계좌(농지연금 지킴이 통장)을 사용한다. 농지연금 전용계좌란 농지연금 월지급금 중 최저생계비인 185만원 이하의 금액만 입금되며, 입금된 금액에 대해서는 압류가 금지되는 농지연금 수급 전용통장을 말한다.

4.6.2 이용 가능 대상자

전용계좌로 농지연금을 받으려면 한국농어촌공사와 농지연금 약정을 체결할 때 해당 계좌로 신청하면 된다. 기존 가입자도 전용계좌를 개설한 후 한국농어촌공사에 계좌변경을 신청하면 된다. 다만, 농지연금 월지급금이 185만원 초과하는 경우에는 농지연금 전용계좌와 일반계좌 둘 다 농지연금 수령계좌로 등록한 후 185만원은 농지연금 전용계좌로 수령하고, 185만원을 초과하는 금액은 일반계좌로 수령하면 된다. 예를 들어 200만원을 수령할 경우에는 185만원은 농지연금 전용계좌로 수령하고, 15만원은 일반계좌로 수령하면 된다.

5 농지연금 상환

5.1 일부상환

농지연금은 가입자의 노후생활안정자금을 종신까지 지급하는 것이 기본 취지이다. 그럼에도 불구하고 담보농지의 일부(개별)필지에 대한 중도해지를 원하는 경우에는 일부(개별)필지의 농지연금채무를 전액 상환하면 일부(개별)필지를 중도에 해지할 수 있다. 다만, 담보농지가 불가피하게 공공사업에 편입(수용) 또는 전용 등으로 더 이상 농지로 이용될 수 없게 된 경우에 해당되면 해당 담보농지 부분에 대한 농지연금채권을 회수하고 나머지 담보농지 부분에 대하여 농지연금을 지급할 수 있다.

연금을 지급받으면서 약정내용의 변경 없이 농지연금채무를 일부 또는 전부 중도상환하고 약정은 유지된다. 일부 또는 전부 중도상환은 가입일로부터 3년 마다 1회씩 가능하다.

5.2 중도상환

농지연금을 받는 도중에 농지연금채무를 갚고자 하는 경우에는 언제든지 상환하고 지원약정을 해지할 수 있다. 이 때 별도의 중도상환수수료는 발생하지 않으나, 약정취소(가입 후 1회차 지급 이전 약정취소) 또는 약정철회(1회차 지급일부터 2회차 지급일 이전 약정 철회)하는 경우 근저당권 설정 시 공사가 납부한 등록면허세, 지방교육세, 등기신청수수료를 반환하여야 한다. 또한, 약정의 취소 또는 철회에 따라 발생하는 비용은 가입자가 부담하여야 한다.

공사가 부담한 비용 반환 = 등록면허세 + 지방교육세 + 등기신청수수료

경영이양형의 경우에는 담보농지를 공사에 매도하는 방법으로 농지연금채무를 정산하거나, 연금을 받는 도중 언제든지 농지연금채무 전부를 상환하고 지원약정을 해지할 수 있다. 이 경우 담보농지를 공사에 매도하지 않을 경우 위약금이 부과된다.

경영이양형 농지연금 위약금은 농지연금 가입기간과 상관없이 농지가격의 2%를 부과한다. 이 때 적용하는 농지가격은 가입(약정체결) 당시 농지가격으로 공시지가, 감정평가방식 모두 평가율 100%를 적용한다.

경영이양형 중도상환 위약금 = 농지가격 × 2%

* 개별공시지가, 감정평가방식 모두 평가율 100% 적용

5.3 만기상환

상환시점에 다음의 농지연금채무액과 위약금(경영이양형 가입자가 담보농지를 공사에 미매도시 해당)을 상환하면 된다.

농지연금 상환금액 = 월지급금 총액 + 대출이자 누계액 + 위험부담금 누계액

농지연금채무액을 상환하지 못하면 농지를 처분(경매 등)하여 상환하게 된다. 만약 농지처분금액(경매낙찰금액)으로 농지연금채무액을 갚고 남으면 농지연금수급자(상속인)가 돌려받고, 농지처분금액(경매낙찰금액)으로 농지연금채무액을 갚고 부족하더라도 농지연금수급자나 자녀 등(상속인)에게 그 부족분을 상환하도록 청구하지 않는다.

금액 비교	정산 방법
농지처분금액 > 연금지급총액	남은 금액은 상속인에게 돌려줌
농지처분금액 < 연금지급총액	부족한 금액은 상속인에게 청구 없이 국가가 부담

5.4 지급정지 및 약정해지

농지연금을 수령하다가 다음의 사유가 발생하면 지급이 정지되고, 약정이 해지되어 약정해지 통지일로부터 60일 이내에 농지연금 채무를 상환하여야 한다.

① 농지연금수급자가 사망한 경우로서 배우자가 없거나 비승계 가입인 경우
② 농지연금수급자가 사망한 경우로서 승계조건가입 배우자가 있는 경우에 그 배우자가 6개월 이내에 배우자 명의로 담보농지 전부에 대한 소유권이전등기 및 농지연금채무인수를 거절하거나 마치지 아니한 경우
③ 농지연금수급자가 사망한 날부터 6개월 이내에 담보농지의 소유권이전등기 및 농지연금채무의 인수를 마친 배우자가 사망한 경우
④ 농지연금수급자가 담보농지의 소유권을 상실한 경우
⑤ 농지연금채권이 근저당권의 채권최고액을 초과할 것으로 예상되는 경우로서 공사의 채권최고액 변경요구에 응하지 아니한 경우
⑥ 공사의 동의 없이 담보농지에 가등기담보권, 지상권 등 제한물권을 설정하거나 다른 채권자로부터 압류, 가압류 등 소유권 이외의 권리가 설정된 경우
⑦ 담보농지가 전용 등으로 더이상 농지로 이용될 수 없게 된 경우
⑧ 농지 훼손 또는 농지를 영농에 이용하지 않고 방치한 경우(기한내 시정되지 않을 경우)

위지급정지사유 중 ③, ⑤, ⑥, ⑦에 해당하는 경우로서 불가피한 사유로 인정되는 경우 해당 담보농지에 대한 농지연금채권을 회수하고 나머지 담보농지에 대

한 농지연금은 계속 지원 가능하다.

⑤ 농지연금채권이 근저당권의 채권최고액을 초과할 것으로 예상되는 경우는 연금지급 이후 일정기간이 지난 시점의 연금채권액이 근저당설정 채권최고액의 85%에 이르렀을 때를 말하며 공사는 채권최고액의 변경(증액)을 요구할 수 있다. 이 경우 연금수급자는 공사가 요구한 때로부터 60일 이내에 응하여야 한다.

농지를 훼손 또는 영농에 이용하지 않고 방치한 경우에는 공사에서 원상복구 촉구 후 기한 내 복구되지 않을 시 월지급금을 지급정지하고, 지방자치단체에 통보한 후 처분명령에 따른 소유권이 변동될 경우 약정을 해지한다.

제4장

실업급여 꿀팁

1. 실업급여 핵심
2. 실업급여 개요
3. 실업급여 요건
4. 실업급여 신청
5. 실업급여 지급

1 실업급여 핵심

1.1 상담전화: 고용노동부 ☎ 1350

1.2 실업급여 요건

① 이직일 이전 18개월(초단시간근로자의 경우, 24개월) 동안의 피보험단위기간이 합산하여 180일 이상일 것
② 근로의 의사와 능력이 있음에도 불구하고 취업하지 못한 상태에 있을 것
③ 이직사유가 수급자격의 제한 사유에 해당하지 아니할 것
④ 재취업을 위한 노력을 적극적으로 할 것

1.3 실업급여 지급

구직급여 지급액 = 퇴직 前 평균임금의 60% × 소정급여일수

※ 2023년 기준 구직급여 1일 상한액 66,000원, 하한액 61,568원(최저임금의 80%)
- 상한액 기준 월 지급액 = 66,000원 × 30일 = 1,980,000원
- 하한액 기준 월 지급액 = 61,568원 × 30일 = 1,847,040원

1.4 소정급여일수

연령 및 가입기간	1년 미만	1년 이상 3년 미만	3년 이상 5년 미만	5년 이상 10년 미만	10년 이상
50세 미만	120일	150일	180일	210일	240일
50세 이상 및 장애인	120일	180일	210일	240일	270일

1.5 퇴직 즉시 실업급여 신청

- 퇴직 후 12개월이 경과하면 실업급여를 수령할 수 없음
- 실업급여 신청 후 조기에 재취업할 경우에는 남아 있는 실업급여의 50%를 조기재취업수당으로 수령할 수 있음
- 실업급여를 신청하지 않은 상태에서 퇴직 후 12개월이 경과하면 실업급여를 수령할 수 없고, 조기에 취업할 경우 조기재취업수당을 받을 수 없음

2 실업급여 개요

2.1 실업급여 개념

실업급여는 고용보험에 가입한 근로자가 실직하여 재취업 활동을 하는 기간에 지급하는 소정의 급여를 말한다. 즉, 소득이 없는 기간 동안 실업급여를 지급함으로써 실업으로 인한 생계불안을 극복하고 생활의 안정을 도와주며 재취업의 기회를 지원해주는 제도이다.

실업급여는 실업에 대한 위로금이나 고용보험료 납부의 대가로 지급되는 것이 아니다. 실업급여는 실업이라는 보험사고가 발생했을 때 취업하지 못한 기간에 대하여 적극적인 재취업 활동을 한 사실을 확인(실업인정)하고 지급한다. 즉, 재취업 활동을 하지 않는 경우에는 실업급여를 받을 수 없다.

실업급여는 퇴직 후 즉시 신청해야만 받을 수 있으며, 늦게 신청할 경우에는 불이익을 볼 수 있다.

2.2 실업급여 종류

실업급여의 종류는 구직급여와 취업촉진수당, 연장급여, 상병급여로 구분한다.

실업급여

구직급여	취업촉진수당	연장급여	상병급여
	조기재취업 수당	훈련연장 급여	
	직업능력개발 수당	개발연장 급여	
	광역구직 활동비	특별연장 급여	
	이주비		

2.2.1 구직급여

구직급여는 근로의 의사와 능력이 있으나 비자발적으로 퇴직을 한 이후 적극적인 재취업활동을 하였음에도 불구하고 취업하지 못한 기간 동안 지급하는 생활안정자금을 말한다. 따라서 구직급여를 받기 위해서는 적극적인 재취업활동을 한 사실을 인정받아야 한다.

2.2.2 취업촉진수당

취업촉진수당은 이미 구직급여를 수령하고 있는 구직급여 수급자가 빨리 재취업을 할 수 있도록 동기부여를 하는 제도이다. 즉, 구직급여 수급자 대기기간인 7일이 경과한 후 소정급여일수를 절반 이상 남겨두고 조기에 재취업하여 12개월 이상 계속 고용되거나 사업을 영위하였을 경우에 남아 있는 구직급여의 50%를 일시금으로 조기재취업수당을 지급한다.

또한, 직업능력개발훈련을 받는 경우 직업능력개발수당, 편도 25km 이상 멀리 떨어진 회사에 구직활동을 할 경우 광역구직활동비, 직업능력개발훈련을 받기 위해 그 주거를 이전하는 경우 이주비를 지급한다.

2.2.3 연장급여

연장급여는 구직급여 지급이 종료되었음에도 부득이 하게 취업을 하지 못한 구직급여 수급자에게 추가로 연장하여 지급하는 구직급여를 말한다. 연장급여를 받기 위해서는 재취업이 어렵다고 특별히 인정을 받아야 한다.

2.2.4 상병급여

실업급여는 실업신고를 한 후 적극적인 재취업활동을 인정받아야 지급받을 수 있다. 하지만 실업신고를 한 이후 질병 · 부상 · 출산으로 인하여 적극적인 재취업활동이 불가능 한 경우에는 증명서를 첨부하여 청구하면 상병급여를 받을 수 있다.

2.3 실업급여 자격확인

근로자가 퇴직할 경우에는 실업급여를 수령할 수 있는지 수급자격여부에 대해 궁금할 것이다. 다음과 같은 실업인정 자가진단 절차에 모두 해당될 경우에는 실업급여를 수령할 수 있는 자격이 된다고 할 수 있다.

실업급여 자격 확인 자가진단 절차

고용보험 가입여부	• 고용보험에 가입한 적이 있습니까?
예 ↓	
고용보험 가입기간	• 피보험단위기간은 180일 이상인가요?
예 ↓	
퇴직사유 확인	• 정당한 퇴직사유에 해당되십니까?
예 ↓	
구직신청 및 수급자격인정 신청	• 구직신청 및 수급자격인정 신청을 하였습니까?
예 ↓	
실업인정 단계	• 적극적인 재취업활동을 신고하고 실업인정신청서를 통해 고용센터로부터 실업인정을 받았습니까?

귀하는 실업급여 대상자입니다.

실업인정 인터넷 신청하러 가기

2.3.1 고용보험 가입여부 확인

고용보험은 말 그대로 고용에 대한 보험을 말한다. 따라서 고용보험에 가입한 사업장에서 근무하던 근로자가 실직이라는 보험사고를 당한 경우 재취업을 지원하기 위해 지급하는 보험금이 실업급여이다. 따라서 고용보험을 적용받지 않는 다음의 사업장은 실업급여를 받을 수 없다.

① 농업, 임업 및 어업 중 법인이 아닌 자가 상시 4명 이하의 근로자를 사용하는 사업
② 건설업자 등이 아닌 자가 시공하는 총 공사금액 2천만원 미만 공사, 연면적 100제곱미터 이하의 건축물의 건축 또는 연면적 200제곱미터 이하인 건축물의 대수선에 관한 공사
③ 가구 내 고용활동 및 달리 분류되지 아니한 자기 소비 생산활동

2.3.2 고용보험 가입기간 확인

구직급여를 지급받기 위해서는 이직 전 18개월(초단시간근로자의 경우, 24개월) 근무기간 동안 피보험단위기간(실제 근무일수, 유급휴일 포함)이 통산하여 180일 이상이어야 한다. 피보험단위기간은 피보험기간 중 보수지급의 기초가 된 날을 합하여 계산한다.

2.3.3 퇴직사유 확인

퇴직사유가 근로자의 수급자격이 제한되지 않는 정당한 이직 사유이어야 한다. 중대한 귀책사유(歸責事由)로 해고되거나, 자기 사정으로 이직한 경우 실업급여가 인정되지 않는다.

2.3.4 구직신청 및 수급자격 인정신청 확인

실업급여는 신청을 하지 않으면 받을 수 없다. 실업급여는 신청하지 않은 상태에서 퇴직 다음날로부터 12개월이 경과되면 받을 수 없으니, 퇴직 즉시 고용센터에 구직신청서, 수급자격인정신청서를 작성하여 제출하여 확인을 받아야 한다.

2.3.5 실업인정

실업인정을 받기 위해서는 근로의 의사와 능력을 가지고 '적극적인 재취업 활동'을 위한 노력에도 불구하고 취업을 하지 못한 상태에 있어야 한다. 따라서 '적극적인 재취업 활동'을 신고하고 실업인정신청서를 통해 고용센터로부터 실업인정을 받아야 한다.

3 실업급여 요건

3.1 지급요건

구직급여는 실업의 의미를 충족하는 비자발적 퇴직자에게 수급자격을 인정하는 것이지만, 자발적 퇴직자의 경우에도 퇴직하기 전에 퇴직회피노력을 다하였으나 회사의 사정으로 더 이상 근로하는 것이 곤란하여 퇴직한 경우 퇴직의 불가피성을 인정하여 수급자격을 부여한다.

따라서 회사의 정책에 의한 명예퇴직 등도 본인의 계속적인 근로의사는 있으나, 회사의 사정으로 퇴직하는 사유에 해당될 수 있는 등 불가피성을 인정받을 수 있는 다양한 사례가 있을 수 있다. 그러므로 퇴직을 한 경우에는 스스로 판단하여 구직급여를 포기하지 말고 일단 실업 신고를 한 후 지급요건을 따져 보는 것이 중요하다.

3.1.1 일반적인 지급요건

구직급여는 이직한 근로자인 피보험자가 다음 각 호의 요건을 모두 갖춘 경우에 지급한다.

① 이직일 이전 18개월(초단시간근로자의 경우, 24개월) 동안의 피보험단위기간이 합산하여 180일 이상일 것
② 근로의 의사와 능력이 있음에도 불구하고 취업(영리를 목적으로 사업을 영위하는 경우 포함)하지 못한 상태에 있을 것
③ 이직사유가 수급자격의 제한 사유에 해당하지 아니할 것
④ 재취업을 위한 노력을 적극적으로 할 것

구직급여는 고용보험 적용사업장에서 퇴직 전 18개월(초단시간근로자의 경우 24개월)동안 근무기간 중 고용보험 가입기간이 합산하여 180일 이상이 되고, 근로의 의사와 능력이 있으며, 적극적인 재취업활동(재취업활동을 하지 않는 경우 미지급)에도 불구하고 취업하지 못한 상태인 경우 지급받을 수 있다. 다만, 중대한 귀책사유로 해고된 경우 등 수급자격에 제한이 있는 경우에는 지급받을 수 없다.

3.1.2 일용근로자 지급요건

일용근로자로 퇴직한 경우 아래 요건 모두 충족하여야 한다.

① 수급자격신청일 이전 1월간의 근로일수가 10일 미만일 것
② 건설일용근로자로서 수급자격 인정신청일 이전 14일간 연속하여 근로내역이 없을 것
② 최종 이직 당시의 이직 전 18개월(초단시간근로자의 경우 24개월) 동안의 피보험단위기간 중 다른 사업에서 수급자격의 제한 사유에 해당하는 사유로 이직한 사실이 있는 경우에는 그 피보험단위기간 중 90일 이상을 일용근로자로 근로하였을 것

3.1.3 피보험단위기간 계산

구직급여를 지급받기 위해서는 이직 전 18개월(초단시간근로자의 경우 24개월) 동안 피보험단위기간이 통산하여 180일 이상이어야 한다. 피보험단위기간은 피보험기간 중 보수지급의 기초가 된 날을 합하여 계산하는데, 근로한 날과 근로하지 않더라도 사업주로부터 임금을 지급받은 유급휴일과 휴업수당을 지급받은 날이 포함된다.

참고로 주 5일제인 경우 2일 중 1일만 유급인 경우나 관공서 공휴일을 유급으로 하지 않는 경우는 해당일은 피보험단위기간에서 제외되므로 취업규칙이나 근로계약서를 반드시 확인해 보아야 한다.

3.2 정당한 이직 사유

3.2.1 퇴직일 전 1년 이내에 2개월 이상 발생 사유

다음 각 목의 어느 하나에 해당하는 사유가 퇴직일 전 1년 이내에 2개월 이상 발생한 경우에는 정당한 이직사유에 해당된다.

① 실제 근로조건이 채용 시 제시된 근로조건이나 채용 후 일반적으로 적용받던 근로조건보다 낮아지게 된 경우
② 임금체불이 있는 경우
③ 소정근로에 대하여 지급받은 임금이 「최저임금법」에 따른 최저임금에 미달하게 된 경우
④ 연장 근로의 제한을 위반한 경우
⑤ 사업장의 휴업으로 휴업 전 평균임금의 70% 미만을 지급받은 경우

「근로기준법」에서는 당사자 간에 합의하면 1주간에 12시간을 한도로 근로시간을 연장할 수 있다. 이러한 연장 근로의 제한을 위반한 경우에는 정당한 이직사유에 해당된다.

3.2.2 권고퇴직 및 희망퇴직

다음 각 목의 어느 하나에 해당하는 사정으로 사업주로부터 퇴직을 권고 받거나, 인원 감축이 불가피하여 고용조정계획에 따라 실시하는 퇴직 희망자의 모집으로 퇴직하는 경우에는 정당한 퇴직사유에 해당된다.

① 사업의 양도 · 인수 · 합병
② 일부 사업의 폐지나 업종전환
③ 직제개편에 따른 조직의 폐지 · 축소
④ 신기술의 도입, 기술혁신 등에 따른 작업형태의 변경
⑤ 경영의 악화, 인사 적체, 그 밖에 이에 준하는 사유가 발생한 경우

3.2.3 왕복 통근시간이 3시간 이상인 경우

다음 각 목의 어느 하나에 해당하는 사유로 통근이 곤란하게 된 경우에는 정당한 퇴직사유에 해당된다. 통근 시 이용할 수 있는 통상의 교통수단으로는 사업장으로의 왕복에 드는 시간이 3시간 이상 소요되는 경우는 통근이 곤란하게 된 경우에 해당된다.

① 사업장의 이전
② 지역을 달리하는 사업장으로의 전근
③ 배우자나 부양하여야 할 친족과의 동거를 위한 거소 이전
④ 그 밖에 피할 수 없는 사유로 통근이 곤란한 경우

3.2.4 기타 정당한 퇴직사유

다음과 같은 기타 사유에 해당되어 퇴직하는 경우에는 정당한 퇴직사유에 해당된다.

① 사업장에서 종교, 성별, 신체장애, 노조활동 등을 이유로 불합리한 차별대우를 받은 경우
② 사업장에서 본인의 의사에 반하여 성희롱, 성폭력, 그 밖의 성적인 괴롭힘을 당한 경우
③ 사업장의 도산 · 폐업이 확실하거나 대량의 감원이 예정되어 있는 경우
④ 부모나 동거 친족의 질병 · 부상 등으로 30일 이상 본인이 간호해야 하는 기간에 기업의 사정상 휴가나 휴직이 허용되지 않아 이직할 경우
⑤ '중대재해'가 발생한 사업장으로서 그 재해와 관련된 고용노동부장관의 안전보건상의 시정명령을 받고도 시정기간까지 시정하지 아니하여 같은 재해 위험에 노출된 경우
⑥ 체력의 부족, 심신장애, 질병, 부상, 시력 · 청력 · 촉각의 감퇴 등으로 피보험자에게 주어진 업무를 수행하게 하는 것이 곤란하고, 기업의 사정상 업무종류의 전환이나 휴직이 허용되지 않아 이직한 것이 의사의 소견서, 사업주 의견 등에 근거하여 객관적으로 인정되는 경우

⑦ 임신, 출산, 만 8세 이하 또는 초등학교 2학년 이하의 자녀의 육아, 「병역법」에 따른 의무복무 등으로 업무를 계속적으로 수행하기 어려운 경우로서 사업주가 휴가나 휴직을 허용하지 않아 이직한 경우
⑧ 사업주의 사업 내용이 법령의 제정·개정으로 위법하게 되거나 취업 당시와는 달리 법령에서 금지하는 재화 또는 용역을 제조하거나 판매하게 된 경우
⑨ 정년의 도래나 계약기간의 만료로 회사를 계속 다닐 수 없게 된 경우
⑩ 그 밖에 피보험자와 사업장 등의 사정에 비추어 그러한 여건에서는 통상의 다른 근로자도 이직했을 것이라는 사실이 객관적으로 인정되는 경우

3.3 수급자격이 제한되는 이직사유

3.3.1 중대한 귀책사유로 해고된 경우

피보험자가 다음 각 호의 어느 하나에 해당한다고 직업안정기관의 장이 인정하는 경우 수급자격이 없는 것으로 본다. 중대한 귀책사유가 있는 경우 권고사직을 하는 경우에도 구직급여 수급대상으로 인정하지 않는다.

① 중대한 귀책사유(歸責事由)로 해고된 피보험자로서 다음 각 목의 어느 하나에 해당하는 경우
가. 「형법」 또는 직무와 관련된 법률을 위반하여 금고 이상의 형을 선고받은 경우
나. 사업에 막대한 지장을 초래하거나 재산상 손해를 끼친 경우로서 고용노동부령으로 정하는 기준에 해당하는 경우
다. 정당한 사유 없이 근로계약 또는 취업규칙 등을 위반하여 장기간 무단 결근한 경우

② 자기 사정으로 이직한 피보험자로서 다음 각 목의 어느 하나에 해당하는 경우
가. 전직 또는 자영업을 하기 위하여 이직한 경우
나. 중대한 귀책사유가 있는 사람이 해고되지 아니하고 사업주의 권고로 이직한 경우
다. 그 밖에 고용노동부령으로 정하는 근로자의 수급자격이 제한되지 아니하는 정당한 이직 사유에 해당하지 아니하는 사유로 이직한 경우

3.3.2 사업에 재산상 손해를 끼친 경우

사업에 막대한 지장을 초래하거나 재산상 손해를 끼친 경우는 다음과 같다.

① 납품업체로부터 금품이나 향응을 받고 불량품을 납품받아 생산에 차질을 가져온 경우
② 사업의 기밀이나 그 밖의 정보를 경쟁관계에 있는 다른 사업자 등에게 제공한 경우
③ 거짓 사실을 날조·유포하거나 불법 집단행동을 주도하여 사업에 막대한 지장을 초래하거나 재산상 손해를 끼친 경우

④ 직책을 이용하여 공금을 착복 · 장기유용 · 횡령하거나 배임한 경우
⑤ 제품이나 원료 등을 절취하거나 불법 반출한 경우
⑥ 인사 · 경리 · 회계담당 직원이 근로자의 근무상환 실적을 조작하거나 거짓 서류 등을 작성하여 사업에 막대한 지장을 초래하거나 재산상 손해를 끼친 경우
⑦ 사업장의 기물을 고의로 파손하여 사업에 막대한 지장을 초래하거나 재산상 손해를 끼친 경우
⑧ 영업용 차량을 사업주의 위임이나 동의 없이 다른 사람에게 대리운전하게 하여 교통사고를 일으킨 경우

3.4 기타 이직사유에 따른 수급자격

3.4.1 본인 스스로 사표를 쓴 경우

전직, 자영업을 위한 개인적인 사유로 사표를 쓰는 경우는 구직급여를 받을 수 없다. 그러나 스스로 사표를 쓴 경우라도 이직회피노력을 다하는 등 이직의 불가피성이 인정되는 경우에는 정당한 사유로 인정되면 구직급여를 받을 수 있다.

3.4.2 사업주가 고용보험에 가입하지 않은 경우

고용보험이 당연(의무) 적용되는 사업장임에도 사업주가 가입을 하지 않는 경우에는 근로자의 신청(고용보험 피보험자격 확인청구)이 있는 경우 사실관계를 확인하여 3년 이내의 근무기간에 대해서는 피보험자격을 소급 취득할 수 있다.

따라서 1인 이상을 고용하는 사업장에서 근무한 근로자(근로기준법상 근로자)는 고용센터에 고용보험 미가입 사실을 신고하고 소급하여 고용보험에 가입하면 구직급여를 받을 수 있다.

사업장이 폐업 되어 영업을 하지 않는 경우에도 근로자가 해당 사업장에서 근무하였음을 증명할 수 있는 증빙자료가 있는 경우 사실관계를 조사하여 근무이력이 인정되는 경우 고용보험을 소급 가입하여 구직급여를 받을 수 있다.

3.4.3 구직급여 수급요건을 갖추지 못한 경우

실직한 근로자가 구직급여 수급요건을 갖추지 못한 경우에도 보험료를 납부한 실적이 없어지는 것이 아니고, 3년 이내에 재취업하는 경우에는 다음에 구직급여를 받을 때 이전에 납부한 실적까지 합산되므로 보다 많은 구직급여를 받을 수 있다.

4 실업급여 신청

실업급여는 실업이라는 보험사고가 발생했을 때 취업하지 못한 기간에 대하여 적극적인 재취업활동을 한 사실을 확인(실업인정)하고 지급한다.

실업급여 신청절차

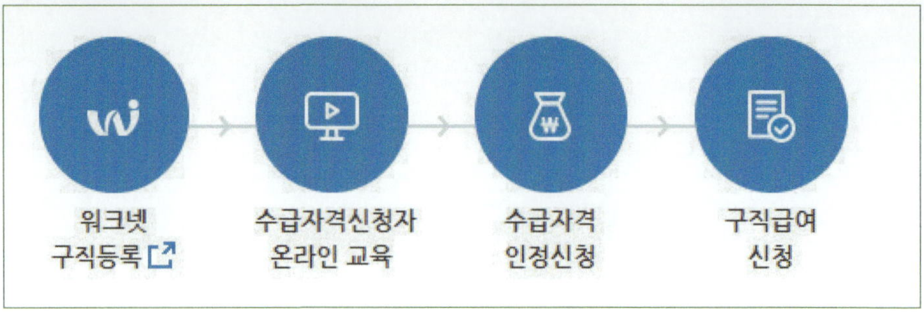

4.1 실업신고

근로자는 퇴직 후 지체 없이 실업 신고를 하여야 한다. 사업주는 고용보험 피보험자격 상실신고서를 근로복지공단 관할지사로, 이직확인서는 관할 고용센터로 신고해야 한다.

퇴직 후 즉시 실업신고를 해야 하는 이유는 다음과 같다.

① 구직급여는 수급기간인 12개월이 경과할 경우 수령할 수 없음
② 조기 재취업 시 남아 있는 구직급여의 50%를 인센티브로 조기재취업수당 지급

4.1.1 구직급여 수급기간 제한

구직급여는 원칙적으로 퇴직한 다음날부터 12개월이 경과하면 지급받을 소정급여 일수가 남아있더라도 더 이상 지급받을 수 없다. 수급기간(퇴직 후 12개월)이 경과하거나 재취업하면 구직급여가 지급되지 않기 때문에 퇴직 후 지체 없이 거주지 관할 고용센터에 방문하여 실업신고(구직등록은 전산망을 통해 직접신청)를 해야 한다. 구직급여는 보험 가입기간 등에 따라 최대 270일까지 지급되며, 잔여 급여가 남아 있다고 하더라도 퇴직 후 1년이 경과하면 지급받을 수 없음에 유의해야 한다.

4.1.2 조기재취업수당 수령

구직급여 수급자가 대기기간인 7일이 경과한 후 소정급여일수를 1/2 이상 남겨두고 재취업하여 12개월 이상 계속 고용되거나 사업을 영위하였을 경우 인센티브로 조기재취업수당을 받을 수 있다. 조기재취업수당은 남아있는 구직급여의 50%를 일시금으로 지급한다. 만약, 실업 신고를 하지 않고 조기에 재취업을 할 경우에는 소급해서 실업 신고를 할 수 없기 때문에 조기재취업수당을 받을 수가 없다.

4.2 구직등록

구직등록은 본인이 직접 WORKNET (www.work.go.kr)에서 '구직신청'을 통해 신청해야 한다. 구직신청을 하면 고용센터의 전문상담원과의 상담을 통해 원하는 일자리를 추천해 준다. 구직등록과 관련한 자세한 문의는 고용노동부 고객상담센터(☎ 1350)으로 문의하면 된다.

4.3 수급자격신청자 온라인 교육

수급자격 신청교육은 거주지 관할 고용센터를 방문하여야 하나, 고용센터 방문 없이 온라인을 통해서도 수강이 가능하다. 〈고용보험 홈페이지(www.ei.go.kr) ⇨ 개인서비스 ⇨ 실업급여 ⇨ 수급자격 신청자 온라인 교육〉 에서 수급자격 신청 전 교육을 필수로 이수해야 한다.

4.4 수급자격인정 신청

4.4.1 신청 방법

〈고용보험 홈페이지(www.ei.go.kr) ⇨ 개인서비스 ⇨ 실업급여 ⇨ 수급자격 신청서 인터넷 제출〉에서 수급자격인정을 신청한다. 수급자격이 인정될 경우에는 구직급여를 신청하면 된다. 만약, 수급자격이 불인정 될 경우에는 실업급여 신청이 불가하며, 90일 이내에 심사 및 재심사를 청구할 수 있다.

4.4.2 심사 및 재심사 청구

실업급여 수급과 관련하여 행정처분에 이의가 있는 경우 심사 및 재심사를 청구할 수 있다. 즉, 실업급여수급자격 불인정, 실업 불인정, 반환명령 등에 이의가 있는 경우 관할 지방 고용보험 심사관에게 심사 청구가 가능 하며, 결정에 이의가 있는 경우에는 고용보험심사위원회에 재심사 청구가 가능하다.

심사청구는 고용센터의 확인 또는 처분이 있음을 안 날로부터 90일 이내에 원 처분을 행한 고용센터에 한다. 재심사청구는 심사청구에 대한 결정이 있음을 안 날부터 각각 90일 이내에 심사결정을 행한 고용센터에 한다.

4.5 구직급여 신청

4.5.1 실업인정 신청

실업급여는 1주~4주의 범위에서 고용센터에서 지정한 날에 출석하여 실업상태에서 적극적으로 재취업활동을 한 사실을 신고하고, 실업인정을 받아야 구직급여를 지급받을 수 있다. 그러나 실업신고 후 일정기간은 자기 주도적 재취업활동을 보장하기 위해 1, 4차를 제외한 나머지 실업인정 회차는 출석하지 않고 인터넷으로 실업인정을 하고 있다.

지정된 실업인정일에 고용센터에 출석하지 못하면 구직급여는 원칙적으로 지급되지 않는다. 그러나 불가피한 사유가 발생한 경우에는 실업인정일을 변경할 수 있다.

4.5.2 온라인 실업인정 신청

온라인 실업인정은 실업인정일에 고용센터에 출석하는 대신 온라인을 통해 신청서를 전송하면, 출석으로 인정해 주는 제도이다. 고용센터에서 온라인 실업인정 대상자로 지정을 받은 경우 인터넷 실업인정 신청은 〈고용보험 홈페이지(www.ei.go.kr) ⇨ 개인서비스 ⇨ 실업급여 ⇨ 실업인정 인터넷 신청〉 혹은 〈고용보험 모바일 앱 ⇨ 실업급여 ⇨ 실업인정 신청〉 에서 공인인증서로 로그인한 후 신청한다.

실업인정 신청서 전송은 지정된 실업인정일에 00:00부터 17:00사이에 반드시 전송하여야 한다. 통상 4주 단위로 실업인정일이 지정되나 다음 실업인정일이 공휴일인 경우에는 공휴일 전일 또는 다음날로 실업인정일이 변경되어 지정되며, 신청화면에서 다음 실업인정일의 확인이 가능하다. 고용센터 담당자가 실업인정 신청서를 확인하여 실업인정 후 다음날 실업급여가 지급된다.

실업인정일 17:00이전에 전송한 실업인정 신청서의 수정을 원하는 경우에는 [신청서 전송 후] 화면에서 회수 버튼을 클릭하면 전송 이전 화면으로 되돌아가 수정이 가능한 상태로 전환된다. 다만, 17:00까지 전송하지 아니하면 불출석자로 처리되어 불이익을 받게 된다.

당일 17:00까지 PC고장, 공인인증서 문제 등 개인사정으로 전송하지 못한 경우에는 1회에 한하여 실업인정일부터 14일 이내에 관할 고용센터에 출석하여 변경을 신청하여야 한다. 특별한 사유 없이 2회 이상은 인정이 불가하다. 다만, 고용보험 홈페이지 등 문제로 전산장애의 경우 늦어도 다음날까지 전산장애 입증자료와 함께 방문하여 인정을 받아야만 전날 전송한 것으로 처리가 된다.

4.5.3 실업인정 절차

실업인정 절차는 [신청인 정보 확인 ⇨ 실업사실 확인(근로사실 또는 소득발생 내역 입력) ⇨ 재취업활동 내역 확인 ⇨ 다음 출석일까지 수행해야 할 활동 확인 ⇨ 신청서 작성 확인 및 전송 ⇨ 신청서 전송 후 확인(결과 확인)]순이다. 최초 실업인정의 경우 수급자격인정일로부터 7일간 대기기간으로 구직급여를 지급하지 않는다.

4.5.4 해외 구직활동

해외에서 실업인정신청서 전송은 불가하며, 해외 구직활동은 실업상태 여부나 구직내역 확인이 곤란하므로 원칙적으로 온라인 실업인정을 받을 수 없다. 다만, 사전에 해외 재취업계획서를 제출한 경우에 한해 해외 구직활동의 인정 및 온라인 실업인정 신청이 가능하다.

4.5.5 실업인정특례제도

도서지역 거주자 등과 같이 재취업활동이 어려운 수급자를 위하여 '실업인정특례제도'를 두고 있다. 실업인정특례가 인정되는 경우 고용노동부 장관이 지정한 도서지역에 거주하는 수급자는 고용센터에 출석하지 않고, 우편, 팩스, 온라인을 이용하여 실업인정신청을 할 수 있다. 실업인정특례를 인정받은 경우에도 반드시 적극적인 재취업활동을 하여야 한다.

5 실업급여 지급

5.1 구직급여 지급

구직급여를 신청한 경우에는 매월 1회 적극적인 구직활동을 하고 고용센터에 관련 증빙서류를 제출하여 인정을 받아야 구직급여를 수령할 수 있다. 구직활동을 하는 동안에는 구직급여 이외에도 상병급여와 조기 재취업을 촉진하기 위한 조기 재취업수당, 직업능력개발수당, 광역구직활동비, 이주비 등을 지급받을 수 있다. 또한, 구직급여 지급이 만료되었음에도 재취업을 하지 못하고 불가피함을 지방고용노동관서의 장이 인정한 경우에는 구직급여를 연장하여 지급받을 수 있다.

이렇듯 재취업 활동을 하는 기간 동안에 수급자의 생활안정을 위하여 구직급여 외에도 상황에 따라 다양하게 실업급여를 지급받을 수 있는 방법이 있으니 세심하게 확인하여 수령할 필요가 있다.

구직급여 수령절차는 다음과 같다.

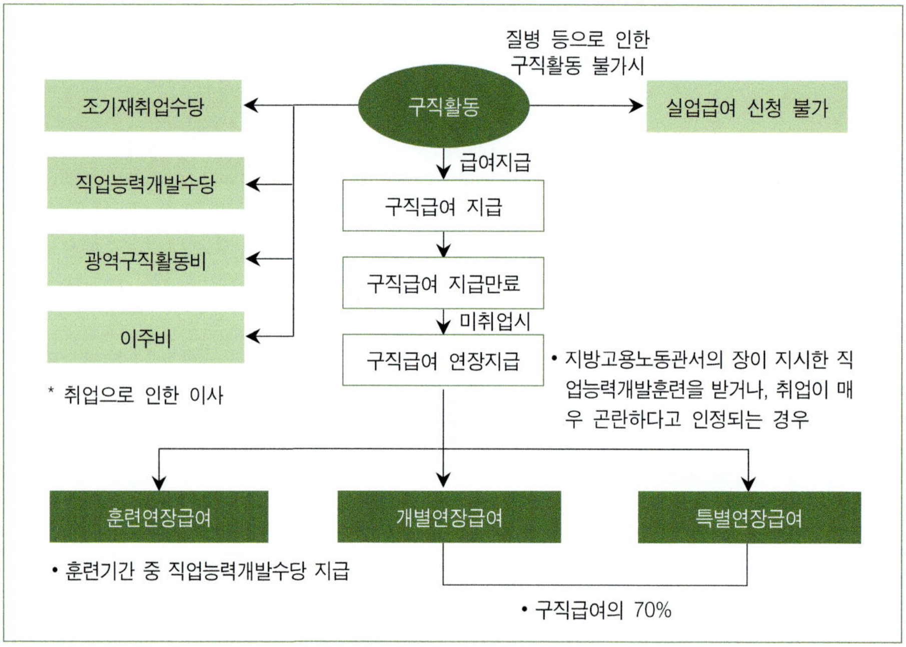

5.1.1 적극적인 재취업활동

구직급여를 신청하기 위해서는 적극적인 재취업활동을 하여야 한다. 재취업활동이란 취업을 위한 구직활동, 고용센터에서 실시하는 집단상담 프로그램 참여, 직업훈련을 수강하는 경우 등으로 실업급여를 지급받기 위해서는 실업인정 대상기간 내에 반드시 재취업활동을 하고, 고용센터 담당자의 확인을 받아야만 구직급여가 지급된다.

재취업을 위한 적극적인 노력으로 인정받을 수 있는 경우는 다음과 같다.

구분	내용
구직활동	• 구인업체 방문 또는 우편, 인터넷 등을 이용하여 구인에 응모한 경우 • 채용 관련 행사에 참여하여 구인자와 면접을 본 경우 • 당해 실업 인정일부터 30일 이내에 취업하기로 확정된 경우
직업훈련	• 근로자직업훈련촉진법에 의하여 고용노동부 장관의 인정 또는 지정을 받은 훈련과정을 수강하는 경우 • 국가 또는 지방자치단체에서 훈련비용의 전부 또는 일부를 지원하는 훈련과정(출결 관리가 이루어지는 경우에 한함)을 수강하는 경우
직업안정기관의 직업지도 등	• 직업안정기관에서 행하는 직업 지도 프로그램(성취프로그램)등에 참여한 경우 • 직업안정기관의 장이 소개한 사회봉사 활동에 참여하는 경우 • 직업안정기관의 직업소개 및 직업 훈련 지시에 응한 경우
자영업 준비 활동	• 고용노동부 장관이 정하는 바에 따라 자영업 준비활동을 한 경우

5.1.2 제출서류

적극적인 구직활동을 인정받기 위해서 다음의 증빙서류를 제출해야 한다.

구분	내용
구직활동	• 사업장을 방문한 경우: 사업체명, 주소, 전화번호, 면접 또는 서류접수 담당자명 기재하여 제출(예: 명함) • 우편을 이용한 경우: 해당업체에서 사람을 뽑고 있다는 자료(예: 모집요강 복사본), 입사지원서, 등기수령증 • 인터넷을 이용한 경우: 모집요강 화면 출력, 입사지원서를 보낸 날짜를 확인할 수 있는 이메일 편지함 화면 • 팩스를 이용한 경우: 팩스번호, 수취인 명, 보낸 날짜와 시간을 기재하여 제출 채용박람회에 참석한 경우 • 구인공고가 없는 경우: 인사 담당자 등의 면접확인서를 제출해야 인정
직업훈련	◦ 당해 훈련기관에서 발행한 수강증명서를 4주에 1번 제출
자영업 준비 활동	• 실업인정일에 '자영업활동계획서'를 고용센터에 제출 • '재취업활동계획서'에 따라 점포 물색, 임대차계약, 시장조사활동, 허가관계 관공서 방문, 근로자 채용을 위한 구인 광고에 관한 자료를 제출함으로써 실업인정 가능

5.1.3 재취업활동 인정 제외 사유

채용시험이나 면접 등에 참여했다는 것을 증명할 수 있는 서류로 다음과 같은 활동의 경우에는 재취업활동으로 인정되지 않으므로 유의해야 한다.

① 사업장에 전화로만 구인문의를 하거나 특정 직종과 임금만을 고집하며 동일 사업장을 반복하여 구직활동을 하는 경우
② 입사지원서나 이력서를 인터넷으로 전송하지 않고 모집요강만을 출력하여 오는 경우
③ 사업이나 장사를 하는 친인척에게 구직활동 확인만 받아오는 경우

5.1.4 구직급여 수령 중 소득발생 신고

구직급여를 수령하는 기간 중에 건설현장 등에서 일용으로 근로를 제공하거나 근로자로 취업 또는 사업자등록을 하고 사업을 하는 경우나 회의 참석 또는 번역 등을 하여 소득이 발생한 경우에는 반드시 신고하여야 한다.

신고를 하여야 하는 소득의 범위는 다음과 같다.

① 1월간 근로시간을 60시간 이상(1주간 15시간 이상)으로 정하고 취직한 경우
② 1월간 근로시간이 60시간 미만이더라도 일정금액 이상을 지급받는 경우
③ 아르바이트 등으로 실업급여일액 이상의 소득을 얻은 경우
④ 세법상의 사업자등록을 하는 경우
⑤ 보험 모집인, 채권추심인, 텔레마케터, 학습지교사 등으로 활동하는 경우 등

신고를 하지 않았다가 추후에 적발된 경우에는 부정수급에 해당되어 2배의 추가징수 등 불이익을 받을 수 있다. 부정수급 예방을 위해 고용노동부에서는 4대보험 및 국세청 전산망과의 연계하는 등 부정수급 자동경보시스템을 운영하고 있다.

5.2 상병급여 지급

5.2.1 지급요건

상병급여는 구직급여를 신청한 후 7일 이상 부상이나 질병, 임신과 출산으로 재취업 활동을 할 수 없는 경우에 지급받게 실업급여이다.

상병급여는 실업신고를 한 이후 질병·부상 ·출산으로 취업이 불가능하여 실업인정을 받지 못하고 직업소개, 직업지도, 직업능력개발훈련 거부로 구직급여 지급이 정지된 기간이 아니어야 한다. 실업신고 이전에 고혈압 등과 같은 지병이 있어 구직활동이 가능하여 수급자격을 인정받은 후 구직활동을 할 수 없게 될 경

우 상병지급이 가능하다.

만약, 실업신고 이전에 질병·부상 등으로 취업이 불가능한 경우에는 상병급여지급이 아닌 수급기간 연장신청을 할 수 있다.

5.2.2 지급기준

상병급여는 구직급여에 갈음하여 지급되므로 구직급여액과 같으며 구직급여의 미지급일수 한도 내에서만 지급된다. 상병급여를 지급한 경우에는 구직급여를 지급한 것으로 간주하므로 이후의 수급자격판단 및 소정급여 일수 결정시에도 구직급여를 지급한 것으로 간주하여 피보험기간을 산정한다.

구 분	신청기한
질병 및 부상	• 상병이 치유된 이후 14일 이내 • 수급기간을 초과한 경우에는 수급기간 종료 후 30일 이내 • 부득이한 사유가 종료된 날로부터 7일 이내
출산	• 출산 후 45일이 경과한 날 이후 14일 이내

5.2.3 상병급여 신청

상병급여의 청구는 상병이 치유된 이후 14일 이내에 질병·부상에 관한 증명서(진단서, 입·퇴원 확인서 등)를 첨부하여 청구하며, 상병이 장기화되어 수급기간을 초과한 경우에는 수급기간 종료 후 30일 이내에 청구하면 된다. 천재지변 기타 부득이한 사유가 있는 경우에는 그 사유가 종료된 날로부터 7일 이내에 청구하면 된다.

출산 시 상병급여는 출산 후 45일이 경과한 날 이후 14일 이내에 출산에 관한 증명서를 첨부하여 청구하면 출산일로부터 45일간 지급된다.

5.2.4 수급기간 연장신청

구직급여 수급기간은 12개월이므로 동 기간이내에 신청하지 않으면 수령을 할 수 없다. 따라서 부상, 질병, 심신허약, 임신, 출산 등의 사유로 불가피(휴가나 휴직, 경미한 업무전환 등이 허용되지 않은 경우)하게 이직한 자는 이직한 이후에도 재취업활동을 할 수 없기 때문에 재취업 활동을 할 수 있는 때까지 수급기간 연장신청을 해야 한다. 연장신청을 하여야만 이후 재취업을 활동을 할 수 있을 때부터 구직활동을 하면서 구직급여를 수령할 수 있다.

그러나 구직급여 수급자격을 신청하고 수급자격을 인정받은 이후에 발생한 질병, 부상 등으로 재취업활동이 불가능한 경우에는 수급자격자의 선택에 의하여 동기간 동안 수급기간을 연장하거나 또는 상병급여를 지급받을 수 있다.

수급기간을 연장하는 경우 그 기간은 최대 4년이며, 수급기간 연장 사유는 다음과 같다.

① 본인의 질병 또는 부상
② 배우자 또는 직계존비속의 질병 또는 부상
③ 배우자의 국외발령 등에 따른 동거목적의 거소 이전

5.3 취업촉진수당

5.3.1 조기재취업수당

1) 지급요건

구직급여 수급자격자가 대기기간(수급자격 신청일로부터 7일간, 건설일용근로자는 대기기간 없음)이 지난 후 재취업한 날의 전날을 기준으로 소정급여일수를 1/2 이상을 남기고 재취업한 경우, 남아 있는 구직급여의 1/2을 조기재취업수당으로 지급하여 구직급여 수급자의 빠른 재취업을 촉진하는 제도이다. 아래 지급요건을 모두 충족할 경우 조기재취업수당을 지급받을 수 있다.

① 재취업한 날의 전날을 기준으로 소정급여일수를 2분의 1이상 남긴 상태이어야 함
② 12개월 이상 계속하여 사업장에 고용된 경우 또는 사업을 영위한 경우
③ 재취업한 시점의 사업주가 다음의 요건에 해당하는 사업주가 아닐 것
- 최후 이직한 사업의 사업주에게 재고용된 경우
- 최후 이직한 사업의 사업주와 관련된 사업주로서 최종 이직 당시의 사업주와 합병·분할되거나 그 사업을 넘겨받은 사업주에게 재고용된 경우
- 실업 신고일 이전 채용을 약속한 사업주에게 고용된 경우

사업장에 고용된 경우와 사업을 영위한 경우는 기간을 합산하지 않으며, 사업을 영위한 경우에는 실업인정 당시 해당 사업을 영위하기 위한 준비활동으로 최소 1회 이상 실업인정을 받았어야 한다.

2) 청구방법

재취업한 날 또는 사업을 시작한 날부터 12개월이 경과한 이후 관할 고용센터(구직급여를 지급받았던 고용센터)에 조기재취업수당 청구서 및 관련 증빙서류를 우편, 팩스, 인터넷, 방문 등으로 제출하면 사후에 지급받을 수 있다.

3) 제출서류

제출서류는 다음과 같다. 다만, 재취업 이후 이직 등의 사유로 사업주가 변경되어 기간의 단절 없이 12개월 이상 근무한 경우 조기재취업수당 청구시에는 조기재취업수당 청구서는 최초 재취업 사업장 기준으로 작성하고, 재직증명서는 마지막 재직 사업장에서 발급받아 제출해야 한다.

① 조기재취업수당 청구서
② (근로자) 수급자격증, 재직증명서 또는 근로계약서 등 12개월 이상 고용되었음을 증명하는 서류
③ (자영업자) 수급자격증, 사업설명서, 사무실 임대차계약서, 사업자등록증, 12개월간 매출증빙내역 등 사업을 개시 또는 영위하였음을 증명하는 서류
④ 기타 사실관계를 입증할 근거자료 등

4) 자영업에 해당되는 범위

자영업에 해당되는 범위는 다음과 같으며, 관련법규에 의해 불법으로 규정된 사업 (예: 비허가구역의 포장마차, 노점상 등)을 하는 경우 조기재취업 수당을 받을 수 없다.

① 세법(소득세법, 부가가치세법, 법인세법 등)에 의한 사업자등록을 하는 경우
② 보험모집인, 채권추심원, 텔레마케터, 학습지 교사 등으로 활동하는 경우

5) 유의사항

사업을 영위한 사실로 조기재취업수당을 받기 위해서는 해당 사업을 영위하기 위한 준비활동으로 최소 1회 이상 실업인정을 받았어야 한다. 구직급여를 지급받기 전 퇴사한 회사에 재고용되거나 그와 관련된 사업주에게 재고용된 경우, 실업신고 이전 채용을 약속한 사업주에게 고용된 경우에는 조기재취업수당을 지급받을 수 없다.

재취업한 날 또는 스스로 영리를 목적으로 사업을 시작한 날 이전 2년 이내[이전에 재취업한 날(사업 시작한 날)과 새로 재취업한 날(사업 시작한 날) 사이의 간격]에 조기재취업수당을 받은 이력이 없어야 한다.

자영업자 고용보험 임의가입자로서 구직급여를 지급받은 자는 조기재취업수당 적용이 제외된다.

5.3.2 직업능력개발수당

실업기간 중 직업안정기관장이 지시한 직업능력개발훈련을 받은 경우 월 1회 거주지 또는 훈련기관 관할 고용센터에 직업능력개발 훈련 수강증명서를 제출하면 직업능력개발수당을 받을 수 있다.

직업능력개발수당은 훈련기간 중의 교통비, 식대 등 1일 7,530원을 지급한다.

5.3.3 광역구직활동비

1) 지급요건

구직급여 수급자격자가 직업안정기관의 소개에 의하여 광범위한 지역에 걸쳐 구직활동을 하는 경우에 활동비를 청구할 수 있는 서비스이다. 광역구직활동비는 수급자격자가 다음 모두에 해당되는 경우에 지급한다.

① 직업안정기관장의 소개에 의한 구직활동일 것
② 구직활동에 소요되는 비용이 방문 사업장의 사업주로부터 지급되지 아니하거나 지급되더라도 그 지급액이 광역구직활동비의 금액에 미달할 것
③ 수급자격자의 거주지로부터 구직활동을 위하여 방문하는 사업장까지의 거리가 편도 25km이상일 것. 다만, 수로는 실제거리의 두배로 봄

운임은 거주지로부터 방문사업장까지의 순로에 따라서 계산하고 숙박료는 숙박한 밤의 수에 따라 계산한다. 운임은 실비로 지급(계산기준은 각 교통수단별 중등급의 수준)한다.

2) 청구절차

구직급여 수급자격자는 광역구직활동을 종료한 날부터 14일 이내에 고용보험 광역구직활동비청구서를 제출하여야 한다. 천재지변 기타 부득이한 사유가 있는 경우에는 당해 사유가 종료된 날부터 7일 이내에 제출하여야 한다.

광역구직활동비 지급여부는 실업급여(부)지급 결정통지서에 의해 통지한다. 지급하기로 결정하였을 경우에는 수급자격증에 그 사실을 기재함으로써 통지에 갈음한다. 광역구직활동비는 구직급여 지급일에 금융기관의 계좌로 입금 및 지급한다.

5.3.4 이주비

1) 지급요건

이주비는 수급자격자가 취업하거나 직업안정기관의 장이 지시한 직업능력개발훈련 등을 받기 위해 그 주거를 이전하는 경우에 지급할 수 있다. 이주비는 수급자격자가 다음의 모두에 해당하는 때에 지급할 수 있다. 다만, 1년 미만의 근로계약기간을 정하여 취업하는 경우는 지급하지 않는다.

① 수급자격자가 취업하거나 직업안정기관장이 소개한 직업능력개발훈련 등을 받게 된 경우로서 「직업안정기관의 장」이 주거의 변경이 필요하다고 인정할 것
② 수급자격자를 고용하는 사업장의 사업주로부터 이주에 소요되는 비용이 지급되지 않거나 그 지급액이 이주비에 미달할 것

지급금액은 공무원여비규정에 따른 '이전비 지급기준표'의 국내이전비 지급기준에 따라 실비를 기준으로 일정금액을 지급한다. 이주비는 소정급여일수 만료 이전에 주거를 이전한 경우에만 신청이 가능하다.

2) 청구절차

구직급여 수급자격자가 이주비를 지급받고자 하는 경우에는 고용보험이주비청구서에 사업주의 확인을 받아 수급 자격증을 첨부하여 제출하여야 한다. 이주비청구서는 이주한 날부터 14일 이내에 새로운 거주지(국외로 이주하는 경우에는 종전 거주지)를 관할하는 고용센터에 제출하여야 한다.

지급요건에 해당되는지 여부를 확인하여 결정하되, 필요 시 수급자격자에게 이주의 사실을 증명할 수 있는 서류를 제출하도록 하여 그 사실을 확인하고 지급결정을 한다. 지급여부는 실업급여(부)지급결정 통지서에 의해 통지하되, 지급하기로 결정하였을 경우에는 수급자격증에 그 사실을 기재함으로써 통지에 갈음한다.

5.4 연장급여

연장급여는 구직급여 지급이 만료되었음에도 부득이 하게 취업을 하지 못한 분들에게 연장하여 지급하는 구직급여를 말한다. 즉, 지방고용노동관서의 장이 지시한 직업능력개발훈련을 받거나, 취업이 매우 곤란하다고 인정되고 고실업이 상당기간 지속될 경우 지급하는 구직급여를 말한다. 이 경우 개별연장급여와 특별연장급여는 60일 범위 내에서 구직급여의 70%만 지급된다.

종 류	요 건	지급액
훈련연장급여	구직급여 수급자로서 직업안정기관장의 직업능력개발 훈련 지시에 따라 훈련을 수강하는 자	구직급여액의 100% (2년 범위 내)
개별연장급여	취업이 특히 곤란하고 생활이 어려운 수급자로서 임금수준, 재산상황, 부양가족 여부 등을 고려하여 생계지원이 필요한 자	구직급여액의 70% (60일 범위 내)
특별연장급여	실업급증 등 일정한 사유가 발생한 경우 고용노동부 장관이 일정한 기간을 정하고 동 기간 내에 구직급여의 수급이 종료된 자	

5.4.1 훈련연장급여

실업급여 수급자로서 연령 · 경력 등을 고려할 때, 재취업을 위해 직업안정기관장의 직업능력개발훈련 지시에 의하여 훈련을 수강하는 자에게 훈련기간 중 직업능력개발수당을 지급하는 것을 말한다.

5.4.2 개별연장급여

1) 지급요건

개별연장급여는 취업이 특히 곤란하고 생활이 어려운 구직급여 수급자격자 중 아래 지급대상 요건을 충족한 자에 대하여 60일의 범위 내에서 구직급여 지급기간을 연장하는 제도이다.

구 분	세 부 내 용
지급일수	• 최대 60일
지 급 액	• 구직급여액의 70%로 최저 구직급여일액보다 낮은 경우에는 최저 구직급여일액으로 지급
수급기간	• 연장되는 구직급여일수 만큼 더하여 연장함으로 60일 연장

개별연장급여는 실업신고일부터 구직급여 지급 종료일까지 직업안정기관(고용센터 등)의 직업소개(심층상담, 집단상담 포함)에 3회 이상 응하였으나 취업 되지

않은 자 중 다음 ① ~ ⑤ 중 어느 하나에 해당하는 부양가족이 있는 자에게 지급한다.

① 18세 미만이나 65세 이상인 자
② 「장애인고용촉진 및 직업재활법」에 따른 장애인
③ 1개월 이상의 요양이 요구되는 환자
④ 소득이 없는 배우자
⑤ 학업 중인 사람으로서 대학 또는 대학원에서 학업 중인 사람(원격대학 제외)

2) 신청방법

개별연장급여 수급자격자는 구직급여일수 종료일까지(수급기간만료일) 신청해야 한다. 개별연장급여 요건을 충족하는지 여부를 심도하여 5일 이내에 연장결정 여부를 통지한다. 연장결정은 수급자격증에 필요 사항을 기재하여 통지한다. 수급자격증에 구직급여일액, 수급기간만료일, 소정급여일수, 소정급여기간 만료일. 변경된 실업인정일을 기재한다.

개별연장급여는 구직급여와 같은 절차에 의하여 지급한다. 수급자격자가 직업안정기관의 장의 직업소개를 거부할 경우에는 1차의 경우 급여정지 등의 불이익 있음을 안내하고 2차 소개에도 계속 거부한 경우 2주간 급여지급을 정지한다.

5.4.3 특별연장급여

실업급증 등으로 재취업이 특히 어렵다고 인정되는 경우 고용노동부 장관이 일정한 기간을 정하고 동기간 내에 실업급여의 수급이 종료된 자에게 60일 범위 내에서 구직급여 지급기간을 연장하는 제도이다.

5.5 구직급여 지급액

5.5.1 지급액 산식

구직급여는 다음 산식에 의하여 지급한다.

구직급여 지급액 = 퇴직 前 평균임금의 60% × 소정급여일수

구직급여는 상한핵과 하한액이 설정되어 있다.

구 분	세부내용
상한액	• 1일 66,000원
하한액	• 1일 61,568원 (퇴직 당시 시간급 최저임금의 80% × 8시간)

※ 하한액은 2023년 시간급 최저임금 9,620원 기준

고용보험법 시행령에 따라 구직급여의 산정 기초가 되는 임금일액이 11만원을 초과하는 경우에는 11만원을 해당 임금일액으로 한다. 따라서 상한액은 110,000 × 60% = 66,000원이 된다.

2023년 기준 시간급 최저임금 9,620원으로 계산한 하한액은 61,568원이다. 다만, 계산된 하한액(최저임금의 80%)이 2019년 9월 현재 하한액(60,120원, 소정근로 8시간 기준)보다 낮은 경우에는 2019년 9월 구직급여 하한액을 적용한다. 최저임금법상의 시간급 최저임금은 매년 바뀌므로 구직급여 하한액 역시 매년 바뀐다.

5.5.2 소정급여일수

구직급여는 최대 270일까지 수령할 수 있다.

연령 및 가입기간	1년 미만	1년 이상 3년 미만	3년 이상 5년 미만	5년 이상 10년 미만	10년 이상
50세 미만	120일	150일	180일	210일	240일
50세 이상 및 장애인	120일	180일	210일	240일	270일

※ 장애인이란 「장애인고용촉진 및 직업재활법」에 따른 장애인을 말함

소정급여일수 270일을 적용한 구직급여 상한액과 하한액은 다음과 같다.

구 분	세부내용
상한액	1,980,000원 = 66,000원 × 270일
하한액	1,847,040원 = 61,568원 × 270일

5.6 부정수급

5.6.1 부정수급 개요

1) 부정수급 의미

실업급여 수급자가 근로를 제공하거나 취업·창업한 사실 또는 소득이 발생한 사실을 신고하지 않은 경우, 재취업활동을 허위로 제출한 경우 등 기타 거짓이나 부정한 방법으로 실업급여를 받은 경우를 부정수급이라 한다. 부정수급을 한 경우에는 실업급여 지급이 제한되며, 그간 지급받은 실업급여는 모두 반환되고 부정하게 지급받은 금액의 최대 5배가 추가 징수될 수 있다. 또한, 최대 5년 이하의 징역 또는 5천만원 이하의 벌금이 부과될 수 있다.

2) 부정수급 유형

실업급여 부정수급 유형은 다음과 같다.

구 분	부정수급 유형
수급자격신청	• 피보험자격 취득 및 상실을 허위로 신고한 경우 • 급여기초임금일액산정 기초가 되는 임금액을 과다하게 기재한 경우 • 이직사유를 허위로 기재한 경우 • 취업상태에서 실업하였다고 신고하는 경우
실업인정	• 취업한 사실은 숨기고 계속 실업인정을 받는 경우 • 자신의 근로에 의한 소득의 미신고 및 허위 신고 • 재취업 활동 여부를 허위로 신고한 경우 • 확정된 취직 또는 자영업 개시 사실을 미신고한 경우
기타	• 취업촉진수당 수급을 위해 각종 허위 신고를 한 경우 • 상병급여 수급을 위해 각종 허위 신고를 한 경우 • 수급자 외 타인(가족 포함)이 대리로 수급자격·실업급여 인정을 신청한 경우

5.6.2 부정수급 신고

1) 부정수급 제보 포상

부정수급 제보 시 실명(제보자 신분이 확인된 경우)에 한하여 거주지 관할 고용센터에서 신고대상에 대한 부정수급이 확정된 경우 예산의 범위 내에서 포상금을 지급한다. 포상금액 산정 기준은 아래와 같으며, 제보자의 신분에 대해서는 비밀이 보장된다.

사업구분	포상금	상한액(연간)
실업급여	부정수급액의 20%	1인당 500만원 (사업주 공모 시 5,000만원)
육아휴직급여, 출산전후휴가급여	부정수급액의 20%	1인당 500만원
고용안정 · 직업능력개발	부정수급액의 30%	1인당 3,000만원

2) 제재 및 처벌

부정한 방법으로 실업급여를 지급받은 경우에는 부정수급액의 반환뿐만 아니라, 실업급여 지급 제한, 부정수급액의 최대 5배의 금액이 추가 징수될 수 있으며, 최대 5년 이하의 징역 또는 5천만원 이하의 벌금이 부과될 수 있다.

또한, 실업급여를 부정하게 받거나 받으려고 한 날부터 소급하여 10년간 3회 이상 부정수급으로 실업급여 지급이 제한된 경우, 최대 3년간 새로운 구직급여 수급자격에 따른 실업급여 지급이 제한된다.

3) 부정수급 자신 신고의 혜택

부정한 방법으로 실업급여를 지급받은 경우 부정수급액의 반환, 추가징수, 실업급여 지급 제한, 형사처벌 등의 불이익을 받는다. 그러나 수급자격자가 부정수급한 사실을 자진 신고할 경우에는 추가징수 등을 면제받을 수 있다. 부정수급은 절대 해서는 안 되는 범죄이지만 본의 아니게 부정수급에 이르게 된 경우에는 하루 빨리 자진 신고하여 더 큰 불이익을 받지 않도록 해야 한다.

4) 수급자가 꼭 해야 할 신고

수급자격자가 실업인정대상 기간 중에 취업한 사실이 있거나, 근로에 의한 소득이 있는 경우에는 반드시 실업인정일에 취업 사실을 신고해야 한다. '취업'에 해당하는 경우는 다음과 같다.

① 월 60시간 이상(주 15시간 이상 포함) 근무하기로 예정하고 근로를 제공하는 경우
② 월 60시간(주 15시간) 미만인 경우에도 3개월 이상 계속 근로를 제공하는 경우
③ 일용근로자로서 근로를 제공하거나 단기예술인 또는 단기노무제공자로서 노무를 제공하는 경우(1개월 미만으로 고용 · 계약)
④ 예술인으로서 월평균소득이 50만원 이상인 문화예술용역 관련 계약을 새로 체결하여 노무를 제공하는 경우
⑤ 노무제공자(특수고용직)으로서 월보수액이 80만원 이상인 노무제공계약을 새로 체결하여 노무를 제공하는 경우

⑥ 근로 제공의 대가로 임금 등 어떠한 명칭(번역료, 수수료, 프리랜서 활동 소득, 강사료 등 포함)으로든지 구직급여일액 이상을 수령하는 경우
⑦ 국가나 지방자치단체에서 시행하는 공공근로에 참여한 경우
⑧ 회의 참석, 임시직, 아르바이트 등 근로를 제공하는 경우
⑨ 상업 · 농업 등 가업에 종사(무급 가사종사자를 포함한다)하거나 다른 사람의 사업에 참여하여 근로를 제공함으로써 다른 사업에 상시 취직하기가 곤란하다고 인정되는 경우
⑩ 세법에 따라 사업자등록을 한 경우
⑪ 그 밖에 사회통념상 취업을 하였다고 인정되는 경우

사업자등록이 없더라도 사실관계 조사 후 자영업 영위 사실이 객관적으로 인정되는 경우도 취업 사실 신고를 해야 한다.

그 밖에 사회통념상 취업을 하였다고 인정되는 경우로는 수익 창출 또는 특정한 목적 달성을 위한 활동을 하고 있으며, 그 활동을 유지하면서 다른 사업에 취업할 수 없고, 그 활동을 통해 정기적인 소득이 발생하는 경우와 전업 주식 · 부동산 투자자, 인터넷 개인 방송인, 인터넷 홍보 전문가 등이 해당된다.

5) 신고하지 않는 경우 부정수급이 되는 사례

다음 사유에 대하여는 신고를 하지 않는 경우에 부정수급이 되니 유의하여야 한다.

① 실제 근무하지 않았음에도 근무하였다고 허위로 고용보험을 가입한 후 실업급여를 수급하는 경우(위장고용)
② 실제 퇴사하지 않았음에도 퇴사하였다고 고용보험 상실한 후 실업급여를 수급하는 경우(위장 퇴사)
③ 사업자등록 사실을 신고하지 않는 경우
④ 가족명의로 본인이 사업(자영업)을 영위하는 경우
⑤ 본인명의로 가족이 사업(자영업)을 영위하는 경우
⑥ 다단계(암웨이, 다이너스티 등)에 회원가입 하는 경우. 다만, '자가소비형' 인 경우 확인 서류 제출 시 부정수급 대상 제외
⑦ 부인, 자녀 등 친인척 및 주변 사람들의 일을 도와주는 경우 (보수를 지급받지 않은 근로 사실을 신고하지 않는 경우도 해당)
⑧ 사업장에서 근로를 제공하거나 임금 또는 기타 다른 명목으로 금품(번역료, 수수료, 프리랜서 활동 소득, 강사료 등 포함)을 지급받았음에도 이를 실업인정 시 신고하지 않는 경우
⑨ 야간부터 근무를 시작하였으나 취업일을 다음날로 신고한 경우
⑩ 자격증 비치와 관련하여 사업주와 합의로 입사일을 소급하여 처리하는 경우 (특히, 건설 · 환경처리 업종)

5.7 실업급여 모의계산 해보기

모의 계산은 실업 시 수급 받을 수 있는 실업급여를 추정해 보는 것이다. 고용보험에 가입해 있는 피보험자가 실직할 경우 받게 될 실업급여를 모의 계산해 볼 수 있다.

실업급여 모의계산은 '고용보험 홈페이지 ⇨ 고용보험제도 ⇨ 개인혜택 ⇨ 실업급여안내 ⇨ 실업급여 모의계산'에서 활용할 수 있다.

제5장

국민연금 꿀팁

1. 국민연금 핵심
2. 국민연금 개요
3. 국민연금 가입
4. 연금보험료 납부
5. 국민연금 지급
6. 국민연금 종류

1 국민연금 핵심

1.1 상담전화: 국민연금 고객센터 ☎ 1355

1.2 국민연금 수급연령

1953~1956년생	1957~1960년생	1961~1964년생	1965~1968년생	1969년생 이후
61세	62세	63세	64세	65세

1.3 국민연금의 종류

연금 급여(매월 지급)		일시금 급여	
노령연금	노후 소득보장을 위한 급여로 국민연금의 기초가 되는 급여	반환 일시금	연금을 받지 못하거나 더 이상 가입할 수 없는 경우 청산적 성격으로 지급하는 급여
장애연금	장애로 인한 소득감소에 대비한 급여	사망 일시금	유족연금 또는 반환일시금을 받지 못할 경우 장제부조적·보상적성격으로 지급하는 급여
유족연금	수급권자의 사망으로 인한 유족의 생계 보호를 위한 급여		

1.4 연금보험료 납부

구 분	기준소득월액 대비	납부의무	
		사용자	근로자
연금보험료율	9%	4.5%	4.5%

1.5 연금보험료 추후납부제도

추후납부 대상	추후납부 한도	추후납부 효과
실직 등 납부 못한 기간	최대 10년 미만	추후납부 개월수 만큼 가입기간 인정

1.6 노령연금 연기제도

연기대상	연기기한	연기 효과
지급개시연령 도달(61~65세)	최대 5년	연기한 노령연금금액 × 연 7.2% 추가 지급

2 국민연금 개요

2.1 국민연금제도 도입

노령화 등으로 이로 인해 발생된 사회문제의 해결방안으로 1973년 국민복지연금법이 제정 · 공포 되었다. 그러나 1973년 발생한 석유파동의 영향에 의한 경제 불황으로 1974년 1월부터 시행 예정이었던 국민연금제도를 무기한 연기하게 되었다. 이후 1986년부터 종전의 국민복지연금 제도를 수정 · 보완하여 1988년 1월부터 국민연금 제도를 시행하게 되었다. 이러한 국민연금 제도는 우선적으로 10인 이상 사업장에 근무하는 18세 이상 60세 미만의 근로자 및 사업주를 대상으로 실시하였다.

1992년 1월 1일 상시근로자 5~9명 사업장의 근로자와 사용자를 가입대상으로 포괄한 것을 기점으로 1995년 7월 1일 농어촌지역(군지역)으로 제도가 확대되었다. 1995년 8월 4일부터는 상시근로자 5명 이상 사업장의 외국인 근로자 및 사용자에게도 제도를 확대 적용하였다. 이후 1999년 4월 1일부터 도시지역으로 확대 적용됨으로써 비로소 '전 국민 연금시대'가 열리게 되었다.

2003년 7월 1일부터는 5인 미만의 영세사업장, 근로자 1인 이상 법인, 전문직종 사업장을 포괄함은 물론, 임시 · 일용직과 시간제근로자의 가입자격을 보다 완화함으로써 현재의 노후소득보장 제도로 거듭나게 되었다.

2.2 국민연금 특징

2.2.1 모든 국민이 의무 가입

국민연금은 '나' 혼자서 대비하기 어려운 생활의 위험을 모든 국민이 연대하여 공동으로 대처하는 '우리'를 위한 제도로 모든 국민이 가입대상이다. 가입을 자유화 할 경우 본인의 노후를 성실하게 준비한 사람이 준비하지 못한 사람의 노후를 일정부분 책임지게 되는 불합리성을 해소하기 위해 소득활동을 하는 사람은 누구나 의무적으로 가입해야 한다.

2.2.2 소득재분배로 사회통합에 기여

국민연금은 동일한 세대내의 고소득계층에서 저소득계층으로 소득이 재분배되는 '세대내 소득재분배' 기능과 미래세대가 현재 노인세대를 지원하는 '세대간 소득재분배' 기능을 동시에 수행함으로써 사회통합에 기여한다.

1) 세대내 소득재분배

'고소득층'으로부터 '저소득층'으로 소득이 이전되는 세대내 소득재분배 기능은 국민연금의 급여산식에서 가입자 전체의 평균소득을 포함시켜 실현되고 있다. 즉, '저소득층'의 경우 전체가입자의 평균소득이 자신의 소득보다 높기 때문에 고소득층과 비교하였을 때 자신이 낸 보험료에 비해 상대적으로 더 많은 연금을 받는 반면, '고소득층'은 전체가입자의 평균소득이 자신의 소득보다 낮기 때문에 저소득층에 비해 상대적으로 낮은 연금혜택을 받는다.

2) 세대간 소득재분배

'미래세대'가 현재의 '노인세대'를 지원하는 세대간 소득재분배 기능은 국민연금제도 도입초기단계 가입자의 제도순응성을 높이기 위해 도입되었다. 미래세대는 자신의 노후만을 준비하면 되지만 국민연금 초기가입자의 경우에는 자신의 노후는 물론 부모 부양이라는 이중부담을 지고 있어 이들의 부담을 완화하기 위해 낮은 보험료에서 출발, 단계적으로 보험료를 높여가도록 한 것이다.

2.2.3 국가가 연금지급을 보장

국민연금은 국가가 최종적으로 보장하기 때문에 국가가 존속하는 한 반드시 지급된다. 만약 적립된 기금이 모두 소진될 경우에는 그 해 연금지급에 필요한 재원을 그 해에 모두 걷어서 지급하는 부과방식으로 전환해서 연금을 계속 지급한다. 우리나라보다 공적연금제도를 일찍 도입한 선진국에서도 처음에는 기금을 적립하여 운영하다가 연금제도가 성숙되면서 부과방식으로 변경해서 운영하고 있다. 현재 전 세계적으로 170여 개국에서 공적연금제도를 운영하고 있지만, 연금지급을 중단한 사례는 없다.

2.2.4 다양한 연금혜택

국민연금에는 노령연금뿐만 아니라, 장애연금, 유족연금 등 다양한 연금혜택이 있다. 장애연금은 가입 중에 발생한 질병이나 부상으로 완치 후에도 장애가 남았을 경우 장애정도에 따라 자신과 가족의 생활을 보장하기 위해 장애가 존속하는 한 지급된다. 장애등급이 1급~3급일 경우 연금으로 지급되며 4급은 일시금으로 지급된다.

유족연금은 국민연금에 가입하고 있거나 노령연금 및 장애연금을 받고 있던 사람이 사망하면 그 사람에 의해 생계를 유지하던 유족에게 가입기간에 따라 기본연금액의 일정률을 지급하여 유족의 생활을 돕기 위한 연금이다.

2.2.5 물가상승률 만큼 실질가치 보장

국민연금은 물가가 오르더라도 실질가치가 항상 보장된다. 국민연금은 연금을 받기 시작한 이후 매년 1월부터 전년도의 전국소비자물가변동률에 따라 연금액을 조정하여 지급한다.

2.2.6 지급된 연금의 압류금지

국민연금 급여 수급권은 양도·압류하거나 담보로 제공할 수 없다. 따라서 국민연금 수급권자에게 지급된 급여로서 185만원 이하의 금액에 대해서는 압류하지 못하도록 하여 국민연금 급여를 통한 기본적인 생활을 보장한다. 그리고 국민연금 급여수급전용계좌인 「국민연금 안심통장」으로 입금된 국민연금 급여와 이에 관한 채권은 압류할 수 없다. 만약, 일반계좌로 입금 받은 후 압류 시에는 압류해제를 통해 인출해야 한다.

2.3 국민연금 급여의 종류

국민연금은 나이가 들거나 장애 또는 사망으로 인해 소득이 감소할 경우 일정한 급여를 지급하여 소득을 보장하는 사회보험으로서 지급받게 되는 급여의 종류는 노령연금(분할연금), 장애연금, 유족연금, 반환일시금, 사망일시금이 있다.

연금 급여(매월 지급)		일시금 급여	
노령연금	노후 소득보장을 위한 급여로 국민연금의 기초가 되는 급여	반환 일시금	연금을 받지 못하거나 더 이상 가입할 수 없는 경우 청산적 성격으로 지급하는 급여
장애연금	장애로 인한 소득감소에 대비한 급여	사망 일시금	유족연금 또는 반환일시금을 받지 못할 경우 장제부조적·보상적성격으로 지급하는 급여
유족연금	수급권자의 사망으로 인한 유족의 생계 보호를 위한 급여		

2.4 국민연금 권리구제 제도

2.4.1 심사청구

1) 심사청구 대상

국민연금법에는 가입자의 권리 또는 이익의 침해를 구제하고 제도의 적정한 운영을 위하여 국민연금 권리구제 제도를 두고 있다. 즉, 가입자의 자격, 기준소득월액, 연금보험료, 그 밖의 국민연금법에 따른 징수금과 급여에 관한 공단 또는 건강보험공단의 처분에 이의가 있는 경우 국민연금심사위원회 또는 징수심사위원회에서 처분의 위법·부당 여부를 심사하는 권리구제 절차를 마련하고 있다.

다음과 같은 공단의 처분에 불복하거나 이의가 있을 경우 심사청구 할 수 있다.

① 가입자의 자격 취득 및 상실 결정·통지
② 기준소득월액 결정·통지
③ 노령(분할, 장애, 유족)연금 및 반환(사망)일시금 미해당 및 부지급 결정·통지
④ 급여지급 결정·통지
⑤ 연금 수급권 취소·지급정지 결정·통지
⑥ 연금수급권 내용변경 결정·통지
⑦ 급여의 환수 결정·통지 등

2) 청구인

국민연금법에서는 가입자의 자격, 기준소득월액, 연금보험료 그 밖의 국민연금법에 따른 징수금과 급여에 관한 공단 또는 건강보험공단의 처분에 이의가 있는 자가 청구를 한다. 행정심판법에서는 처분의 취소 또는 변경을 구할 법률상 이익이 있는 자가 청구를 한다. 이에 따라 피청구인은 국민연금공단 또는 건강보험공단이 된다.

3) 심사청구기간

심사청구는 공단의 처분이 있음을 안 날부터 90일 이내에 정해진 문서(전자문서 포함)로 하여야 한다. 청구인의 주장을 입증할 수 있는 증거자료와 함께 공단 또는 건강보험공단에 제출하여야 하며, 처분이 있은 날부터 180일을 경과하면 이를 제기하지 못한다. 다만, 정당한 사유로 그 기간에 심사청구를 할 수 없었음을 증명하면 그 기간이 지난 후에도 심사청구를 할 수 있다.

4) 심사청구 처리절차

심사청구 사안을 심사하는 국민연금심사위원회는 사회 각계를 대표하는 위원들로 구성되어 있다. 심사위원회에서는 각각의 심사청구 사안에 대하여 증거자료를 수집하고, 필요한 경우 전문가의 자문을 거쳐 처분이 적법·타당했는지 여부를 심사하게 된다.

공단은 심사위원회의 심사·의결에 따라 각하, 기각 또는 인용(처분취소 또는 변경)결정을 심사청구를 받은 날부터 60일(30일 연장한 경우에는 90일) 이내에 하고 그 결과를 청구인에게 통지한다.

심사청구 처리절차

2.4.2 재심사청구

1) 재심사청구 대상

심사청구 결정에 불복하는 자는 국민연금재심사위원회에 재심사청구를 제기하거나, 법원에 행정소송을 제기할 수 있다. 다만, 심사청구를 경유하지 아니하고 재심사청구를 제기할 수 없고, 심사청구 및 재심사청구를 거치지 아니하고도 행정소송은 제기할 수 있다

2) 재심사청구 기간

심사청구 결정에 대하여 불복이 있으면 그 결정통지서를 받은 날부터 90일 이내에 국민연금재심사위원회에 재심사청구를 제기하거나, 법원에 행정소송을 제기할 수 있다. 청구인이 직접 공단을 방문 또는 우편, 인터넷, 모바일 앱 「내곁에 국민연금」으로 가능하다.

재심사청구 처리절차

3 국민연금 가입

3.1 가입유형

국민연금 가입유형은 크게 사업장과 가입자로 나누어지며, 가입자는 사업장가입자, 지역가입자, 임의가입자, 임의계속가입자로 구분된다.

사업장가입자	• 국민연금에 가입된 1인 이상 근로자를 사용하는 사업장의 18세 이상 60세 미만의 사용자 및 근로자로서 국민연금에 가입된 사람 • 지역가입자가 사업장에 취업하면 자동적으로 사업장가입자가 되고, 지역가입자 자격은 상실
지역가입자	• 국내에 거주하는 국민으로서 18세 이상 60세 미만인 자 중 사업장가입자가 아닌 사람 • 다만, 퇴직연금 등 수급권자, 보험료를 납부한 사실이 없고 소득활동에 종사하지 않는 27세 미만인 자는 지역가입자가 될 수 없음
임의가입자	• 사업장가입자와 지역가입자가 될 수 없는 사람이 60세 이전에 본인의 희망에 의해 가입신청을 하면 임의가입자가 될 수 있음
임의계속가입자	• 납부한 국민연금 보험료가 있는 가입자 또는 가입자였던 자로서 60세에 달한 자가 가입기간이 부족하여 연금을 받지 못하거나 가입기간을 연장하여 더 많은 연금을 받기를 원할 경우는 65세에 달할 때까지 신청에 의하여 임의계속가입자가 될 수 있음

3.2 사업장가입자

3.2.1 가입대상

대한민국 국민인 근로자를 1인 이상 사용하는 사업장은 국민연금 당연적용사업장이다. 즉, 1인 이상의 근로자를 사용하는 사업장 또는 주한외국기관으로서 1인 이상의 대한민국 국민인 근로자를 사용하는 사업장에 근무하는 사용자와 근로자는 외국인을 포함하여 모두 국민연금에 가입하여야 한다. 다만, 다음의 경우에는 가입대상에서 제외됩니다.

① 18세 미만이거나 60세 이상인 사용자 및 근로자. 다만, 18세 미만의 근로자는 사업장가입자로 당연 적용하되, 본인의 신청에 의해 적용제외 가능
② 공무원연금, 군인연금, 사립학교교직원연금, 별정우체국연금 가입자 등 타공적연금 가입자
③ 퇴직연금 등 수급권자. 다만, 연계 신청을 한 경우에는 사업장 가입 대상
④ 일용근로자 또는 1개월 미만의 기한을 정하여 사용되는 근로자
⑤ 소재지가 일정하지 아니한 사업장에 종사하는 근로자
⑥ 1개월 동안의 근로시간이 60시간(주당 평균 15시간) 미만인 단시간근로자

⑦ 노령연금수급권을 취득한 자 중 60세 미만의 특수직종근로자
⑧ 조기노령연금 수급권을 취득한 자

3.2.2 사용자 신고사항

사업장 사용자는 사업장가입자가 사업장에 입사하거나 퇴직한 경우, 가입자의 성명 등이 변경되거나 신고내용에 오류가 있는 경우, 휴직 등의 사유로 보험료를 납부할 수 없는 경우에는 그 사유가 발생한 날이 속하는 달의 다음 달 15일까지 이러한 사실을 공단에 신고하여야 한다.

3.2.3 연금보험료 납부

사업장가입자의 연금보험료 납부의무는 사용자에게 있다. 사업장가입자의 연금보험료는 기준소득월액의 9%를 납부하게 되는데, 사용자는 근로자의 임금에서 4.5%를 원천공제한 뒤, 나머지 4.5%를 사용자가 보태어 납부하게 된다. 이때 근로자가 납부하는 보험료를 '기여금', 사용자가 부담하는 보험료는 '부담금'이라고 한다.

구 분	기준소득월액 대비	납부의무	
		사용자 부담금	근로자 기여금
연금보험료율	9%	4.5%	4.5%

3.2.4 연금보험료 납부예외

납부예외는 국민연금에 가입하여 연금보험료를 납부해야 할 가입자가 휴직 등의 사유로 연금보험료를 납부할 수 없는 경우에 신청에 의하여 해당 기간 동안 연금보험료 납부를 면제받음으로써 그 부담을 경감할 수 있는 제도이다.

납부예외기간에는 연금보험료를 납부하지 않으므로 이 기간은 가입기간에 포함되지 않기 때문에 연금급여의 산정 시 그 만큼 연금액이 줄어들게 된다. 납부예외기간 중 장애를 입거나 사망하게 되더라도 장애연금 또는 유족연금의 수급요건을 충족할 경우 해당 연금을 받을 수 있다. 납부예외 사유별로 인정되는 납부 예외기간은 다음과 같다.

휴직중인 경우 (산전, 육아 등)	• 휴직기간 중 급여가 휴직 직전 적용중인 기준소득월액의 50% 미만인 경우에 한하여 납부 예외 인정
병역의무 수행	• 병역의무 수행기간 동안을 납부 예외기간으로 인정

납부예외를 신청한 가입자가 추후에 소득 있는 업무에 종사하게 될 경우 납부예외기간 동안 납부하지 못한 연금보험료의 납부를 원할 경우에는 최고 10년 미만의 기간에 대하여 추가납부를 할 수 있다. 추가납부를 할 경우 납부한 기간동안 가입기간을 인정받을 수 있다. 이러한 추가납부제도는 연금혜택을 확대하는 것으로 강제사항은 아니다.

3.3 지역가입자

3.3.1 가입대상

국내에 거주하는 국민으로서 18세 이상 60세 미만인 자 중 사업장가입자가 아닌 사람은 당연히 지역가입자가 된다. 다만, 아래와 같은 경우에는 지역가입자 가입대상에서 제외된다.

① 사업장가입자
② 만 18세 미만이거나 만 60세 이상인 경우
③ 공무원연금법, 군인연금법, 사립학교교직원연금법, 별정우체국법의 적용을 받는 공무원, 군인, 사립학교교직원, 별정우체국 직원
④ 노령연금수급권을 취득한 자 중 60세 미만의 특수직종근로자
⑤ 조기노령연금 수급권을 취득한 자
⑥ 퇴직연금 등 수급권자
⑦ 기초수급권자 중 생계급여, 의료급여 또는 보장시설 수급자
⑧ 18세 이상 27세 미만인 자로서 학생이거나 군복무 등으로 소득이 없는 자
⑨ 별도의 소득이 없는 배우자(무소득배우자)
⑩ 1년 이상 행방불명된 자(거주불명등록자)

3.3.2 가입자 신고사항

18세 이상 60세 미만의 국민은 '지역가입자 가입대상에서 제외되는 경우'가 아니면 모두 지역가입자에 해당된다. 따라서 자격의 취득, 상실 등 사유가 발생한 경우에 해당 사실이 발생한 날이 속하는 달의 다음 달 15일까지 가입자 본인이 공단에 신고하여야 한다. 또한, 다음과 같은 경우에도 해당 사실을 가입자 본인이 공단에 신고하여야 한다.

사 례	신고사항
직장에서 국민연금에 가입되어 있다가 퇴직한 경우	취득(소득)신고
18세 이상으로서 소득이 있게 된 경우	취득(소득)신고
납부 예외 신청 중 소득이 있게 된 경우	납부재개신고

3.3.3 기준소득월액 결정

지역가입자 또는 지역임의계속가입자는 사업장가입자와는 달리 정기적인 소득신고를 받지 않는다. 다만, 가입기간 중 기준소득월액 결정은 공단에서 사전에 가입자의 종사업종 변경여부 및 현재 적용중인 기준소득월액의 적정성 여부를 과세자료 등에 의거 조사, 확인한 후 결정한다.

지역가입자 또는 지역임의(계속)가입자는 변경된 소득의 신고를 통지받은 경우 그 통지를 받은 날이 속하는 달의 다음달 15일까지 공단에 변경된 소득을 신고하여야 합니다. 가입자(대리인)가 신고한 전년도의 소득으로 기준소득월액을 결정하게 되며 결정을 한 날이 속하는 달의 다음달부터 적용됩니다.

공단의 통지 및 결정이 없더라도, 가입자의 종사업종 변경, 경영실적의 변동 또는 사업중단 등으로 소득이 증가 또는 감소되었을 경우나 가입자 본인이 기준소득월액을 실제소득보다 높게 결정하여 줄 것을 희망하는 경우에는 기준소득월액의 변경신청을 하실 수 있습니다. 가입자 본인 또는 대리인(배우자 또는 그 가족)이 가입자의 기준소득월액 변경신청서와 소득월액의 변경사실이 기재된 서류 (실제소득보다 높게 결정하여 줄 것을 희망하는 경우 제외) 등을 제출하시면 되며 결정을 한 날이 속하는 달의 다음달부터 적용됩니다.

지역가입자의 소득월액은 가입자 또는 대리인이 신고한 소득으로 기준소득월액이 결정되며, 그 결정을 한 날이 속하는 달의 다음달부터 적용되므로, 이미 신고한 소득월액은 소급해서 변경되지 않는다.

3.3.4 연금보험료 납부예외

납부예외는 사유발생일의 다음달 15일까지 신청해야 한다. 다만, 지연신청 시에는 사유발생일로부터 소급 적용하되, 완납한 월은 납부예외가 불가능하다. 납부예외 사유는 다음과 같다.

사업중단 · 실직 · 휴직중인 경우	• 종사직종에서 완전히 은퇴하여 현재 소득활동에 종사하지 않거나, 직장퇴사 · 사업장 부도 · 휴폐업 등으로 소득이 없는 자
병역의무 수행	• 병역의무 수행기간 동안을 납부 예외기간으로 인정
학생	• 학교에 재학중인 자, 소득이 없는 학원생, 수험준비생 등
재소자	• 교도소에 수용중인 자
보호 · 치료감호 시설 수용자	• 보호감호시설 또는 치료감호시설에 수용중인 자
행불자	• 주민등록상 거주불명등록자, 1년 미만 행불자는 납부예외, 1년 이상 행불자는 적용 제외함
재해 · 사고 등 소득 감소	• 질병 또는 부상으로 3개월 이상 입원한 자 • 재해대책법 및 재해구호법에 의한 보조 지원대상이 된 자 • 재해 · 사고 등의 발생으로 연금보험료를 납부할 경우 기초생활의 유지가 곤란하다고 인정되는 자
성직자	• 불교, 개신교, 천주교, 유교 등 종교와 관련하여 성직활동을 하고 있으면서 별도의 소득활동에 종사하지 않는 자
장애인, 행위무능력자	• 장애인등록증소지자, 피성년후견인, 피한정후견인 등으로 소득활동에 종사하지 않는 자

납부예외자는 소득이 있게 된 날이 속하는 달의 다음달 15일까지 납부재개 신고를 해야 하며, 그렇지 않은 경우 향후 장애연금 또는 유족연금 사유가 발생하더라도 수급권에 제한을 받을 수 있다.

납부예외를 신청한 가입자가 추후에 소득 있는 업무에 종사하게 될 경우 납부예외기간 동안 납부하지 못한 연금보험료의 납부를 원할 경우에는 최고 10년 미만의 기간에 대하여 추가납부를 할 수 있다. 추가납부를 할 경우 납부한 기간 동안 가입기간을 인정받을 수 있다. 이러한 추가납부제도는 연금혜택을 확대하는 것으로 강제사항은 아니다.

3.4 임의가입자

3.4.1 가입대상

임의가입은 사업장가입자나 지역가입자가 될 수 없는 사람도 국민연금에 가입하여 연금 혜택을 받을 수 있도록 하는 제도이다. 사업장가입자와 지역가입자 이외의 18세 이상 60세 미만자가 본인이 희망할 경우 신청에 의하여 가입할 수 있다

임의가입 신청대상자는 다음과 같다.

① 퇴직연금 등 수급권자
② 기초수급자 중 생계급여, 의료급여 또는 보장시설 수급자
③ 타공적연금가입자, 사업장가입자, 지역가입자 및 임의계속가입자, 노령연금 및 퇴직연금등 수급권자의 배우자로서 별노의 소늑이 없는 사
④ 노령연금 수급권을 취득한 60세 미만의 특수직종근로자나 조기노령연금 수급권을 취득한 자의 배우자로서 별도의 소득이 없는 자
⑤ 18세 이상 27세미만인 자로서 학생이거나 군복무 등으로 소득이 없는 자(연금보험료를 납부한 사실이 있는 자를 제외)

다음에 해당하는 자는 임의가입 신청대상에서 제외된다.

① 타공적연금가입자
② 조기노령연금 수급권을 취득한 자
③ 노령연금수급권을 취득한 60세미만의 특수직종근로자
④ 사업장가입자, 지역가입자, 외국인

3.4.2 가입 및 탈퇴 신청

임의가입자는 60세에 달할 때까지 본인이 원하는 때 수시로 가입할 수 있다. 또한, 사업장가입자, 지역가입자처럼 의무가입이 아니기 때문에 본인이 원하는 때 언제든지 탈퇴할 수 있으며, 3개월 이상 계속하여 보험료를 미납하는 경우 직권으로 탈퇴된다.

탈퇴신청에 해당하는 사유 외의 자격상실 신고는 상실사유발생일이 속하는 달의 다음달 15일까지 신고한다.

임의가입 및 탈퇴 신청은 방문에 의한 직접 신청은 물론, 우편, 팩스, 본인 확인이 되는 경우 전화 신청도 가능하며, 국민연금공단 홈페이지(www.nps.or.kr) 또는 모바일 앱 「내 곁에 국민연금」을 통한 신청도 가능하다.

3.5 임의계속가입자

3.5.1 가입대상

임의계속가입은 외국인가입자를 포함하여 국민연금 가입자 또는 가입자였던자가 60세가 되거나 노령연금수급권을 취득한 자 중에 60세 미만의 특수직종근로자면 가입할 수 있다. 즉, 60세에 도달하여 국민연금 가입자의 자격은 상실하였으나, 가입기간이 부족하여 연금을 받지 못하거나 가입기간을 연장하여 더 많은 연금을 받고자 하는 경우 65세에 달할 때까지 신청에 의하여 가입할 수 있다. 주로 60세가 되어도 가입기간이 부족하여 노령연금을 받을 수 없는 경우 신청한다.

구분	내용
사업장 임의계속가입자	• 사업장가입자로 가입 중 60세 이상이 되었는데, 계속 사업장에 종사하면서 임의계속 가입자로 보험료 납부를 희망할 경우
지역 임의계속가입자	• 지역가입자로 가입 중 60세 이상이 되어 임의계속가입자가 된 경우, 계속해서 지역가입자의 기준에 해당하는 소득이 있을 경우
기타 임의계속가입자	임의로 가입 중 60세 이상이 되어 임의계속가입자가 된 경우

다음에 해당하는 자는 임의계속가입 신청대상에서 제외된다.

① 65세 이상이거나 60세 도달사유로 반환일시금을 이미 받은 자
② 전액미납, 전액납부 예외자(미납자는 납부 후 가입신청 가능)
③ 노령연금을 청구하여 수급중인 자

3.5.2 가입 및 탈퇴 신청

임의가입자나 임의계속가입자는 사업장가입자, 지역가입자처럼 의무가입이 아니기 때문에 65세 생일의 전날까지 본인이 원하는 때 언제든지 수시로 가입과 탈퇴를 할 수 있으며, 3개월 이상 계속하여 보험료를 미납하는 경우 직권으로 탈퇴된다.

3.6 외국인가입자

3.6.1 가입대상

우리나라에 거주하고 있는 외국인은 내국인과 동등하게 국민연금에 가입해야 한다. 즉, 18세 이상 60세 미만의 외국인이 국민연금에 가입된 사업장에 근무하면 사업장가입자가 되고, 그 외의 외국인은 지역가입자가 된다.

다음에 해당하는 자는 가입대상에서 제외된다.

① 연수생(연수취업은 가입대상), 유학생, 외교관 등 법령에 의해 국민연금 의무가입을 제외한 경우
② 국민연금과 같은 성격의 연금제도에서 대한민국 국민을 의무적으로 가입시키지 않는 나라의 국민
③ 우리나라와 사회보장협정을 맺은 나라에서 우리나라로 파견된 근로자가 본국의 가입증명서를 제출할 경우

3.6.2 가입신청

외국인 사업장가입자는 사업장의 사용자가 신고의무자이며, 외국인 지역가입자는 가입자 본인이 신고하여야 한다. 다만, 부득이한 사유가 있는 경우에는 배우자 및 기타 그 가족이 신고를 대리할 수도 있다.

외국인 사업장가입자는 해당 사실이 발생한 날이 속하는 달의 다음 달 15일까지 신고하여야 하며, 외국인 지역가입자는 자격취득사유발생일이 속하는 달의 다음달 15일까지 신고하여야 한다.

4 연금보험료 납부

4.1 연금보험료

4.1.1 연금보험료 특징

연금보험료는 연금급여를 지급하기 위한 재정 마련을 목적으로 법률에 근거하여 납부되는 것으로서 국민연금의 주된 재원이 된다.

법에 근거하기 때문에 연금보험료를 납부기간 내에 납부하지 않으면 다른 공과금과 마찬가지로 연체금액(연금보험료의 2~5%)이 가산된다. 또한, 일정 기간동안 납부하지 않을 경우는 국세체납처분의 예에 따라 납부의무자의 재산에 압류처분 등 강제징수를 통하여 연금보험료로 충당하게 되므로 재산상의 불이익이 가해질 수도 있다.

이런 점에서 국민연금은 세금처럼 인식되기도 한다. 그러나 세금은 국가의 운영경비로 사용되는데 비하여 국민연금은 본인이 납부한 보험료에 높은 수익률을 더해 나중에 본인이 수급한다는 점에서 차이가 있고, 국민연금의 연금보험료는 기본적으로 자신의 미래를 위해 납부되는 것으로 세금과는 다른 특징이 있다.

4.1.2 연금보험료 산정

연금보험료는 가입자 자격취득시의 신고 또는 정기결정에 의하여 결정되는 기준소득월액에 보험료율을 곱하여 산정한다.

연금보험료 = 가입자의 기준소득월액 × 연금보험료율(9%)

1) 기준소득월액

사업장가입자의 기준소득월액은 1년에 한번 산정해서 당해연도 7월부터 다음연도 6월까지 1년간 적용한다. 가입기간 중의 기준소득월액은 전년도 중 당해 사업장에서 얻은 소득총액을 근무일수로 나눈 금액의 30배에 해당하는 금액으로 결정한다.

사업장가입자의 기준소득월액 = 전년도 소득총액 ÷ 365일 × 30일

자격취득 및 납부재개시 기준소득월액은 사용자가 근로자에게 지급하기로 약정하였던 금액으로 결정하며, 입사(복직) 당시 지급이 예측 가능한 모든 근로소득을

포함하여 사용자가 공단에 신고한 소득으로 결정한다.

기준소득월액은 상한액과 하한액을 정한다. 상한액과 하한액은 국민연금 사업장 가입자와 지역가입자 전원(납부예외자 제외)의 평균소득월액의 3년간 평균액이 변동하는 비율을 반영하여 매년 3월말까지 보건복지부 장관이 고시하며 해당연도 7월부터 1년간 적용한다.

2022.7.1부터 2023.6.30까지 적용할 상한액과 하한액 기준소득월액은 각각 35만원과 553만원이다. 따라서 신고한 소득월액이 35만원보다 적으면 35만원을 기준소득월액으로 하고, 553만원보다 많으면 553만원을 기준소득월액으로 한다.

직용기간	기준소득월액	
	상한액	하한액
2022.7.1 ~ 2023.6.30	5,530,000원	350,000원

2) 보험요율

사업장가입자의 경우 보험료율인 기준소득월액의 9%에 해당하는 금액을 본인과 사업장의 사용자가 각각 절반인 4.5%씩 부담하며 매월 사용자가 납부하여야 한다. 사업장가입자의 연금보험료는 가입자가 개별적으로 납부할 수 없고, 사용자에 의하여 일괄적으로 납부한다. 다만, 기준소득월액은 1년에 한 번만 산정하므로 실제 보수의 4.5%와는 일치하지 않을 수 있다.

구 분	기준소득월액 대비	납부의무	
		사용자 부담금	근로자 기여금
보험요율	9%	4.5%	4.5%

지역가입자 및 임의가입자, 임의계속가입자는 보험요율이 9%인데 보험료를 본인이 전액 부담한다. 농어업인의 경우 일정한 조건에 해당되면 보험료의 일부를 국고에서 지원받을 수 있으니 국고지원 대상여부를 확인할 필요가 있다.

4.1.3 연금보험료 납부기한

1) 납부기한

연금보험료의 납부기한은 해당 월의 다음 달 10일이며, 10일이 토·일요일, 공휴일인 경우 그 다음 영업일까지 납부하면 된다. 납부기한은 법정기한 이므로 기한 내 연금보험료를 납부하지 아니한 때에는 연체금이 가산된다.

가입자(사용자)는 가입자 자격을 취득한 날이 속하는 달의 다음달부터 가입자 자격을 상실한 날의 전날이 속하는 달까지 매월 연금보험료를 납부해야 한다. 다만, 가입자가 자격을 취득한 날이 그 속하는 달의 초일인 경우와 임의계속가입자 자격을 취득한 경우, 가입자가 희망하는 경우에는 취득한 날이 속하는 달부터 납부하면 된다.

상실일의 전날이 속하는 달에 자격을 재취득하는 경우에는 중복하여 가입기간에 산입하지 않는다. 그 달의 고지서에는 그 달 15일까지 신고 된 취득 및 상실자만 반영하므로 16일~말일 사이의 변동자는 다음달 고지에 반영된다.

2) 납부기한 연장신청

납부의무자의 책임이 없는 사유로 고지서를 수령할 수 없었거나 자동이체자(예금주)의 책임이 없는 사유로 보험료가 이체되지 못한 경우에는 해당월의 다음달 연금보험료 납부기한까지 국민건강보험공단 관할지사에 납부기한 연장신청을 하고 납부하여야 한다.

납부의무자의 책임이 없는 사유는 다음과 같다.

① 고지서가 지사로 반송된 후 주소불명 등으로 송달되지 못하거나 납부기한이 경과한 후 송달된 경우
② 주소, 성명이 달라 고지서 발송이 누락되는 등 납부의무자의 책임이 없는 사유로 고지서가 지연송달 또는 미송달 되어 연체금 부과가 부당하다고 인정된 경우
③ 자동이체 납부자의 경우 납부의무자(예금주)의 책임 없는 사유로 출금이 안 되거나 과오출금된 경우

4.1.4 농어업인 연금보험료 국고보조

1) 지원대상

농어촌지역의 경제적 부담을 덜어주기 위해 국가의 농어촌특별세에서 농어업에 종사하는 가입자에게 매월 연금보험료의 일정액을 보조해주는 제도를 말한다. 다만, 연금보험료를 납부하는 월에 대해서만 국고보조금이 지원되며(체납보험료 포함), 지역가입자라 하더라도 연금보험료를 납부하지 않는 경우에는 지원되지 않는다.

지원대상 농어업인은 다음과 같다.

① 농어업인 지역가입자
② 농어업인 지역임의계속가입자

2) 지원금액

2022년 현재 국고보조대상자 1인당 월별 지원금액은 기준소득월액 1,000,000원(보험료 90,000원) 이하의 경우 본인 보험료의 50%에 해당하는 금액을 지원받고, 기준소득월액 1,000,000원 초과의 경우 1,000,000원 보험료의 50%에 해당하는 금액인 45,000원을 정액 지원받는다. 이때 가입자가 매월 납부할 연금보험료에서 지원금액을 공제한 후 고지한다. 매년 초 지원기준을 보건복지부장관이 고시하게 되며, 2022년 지원금액 예시는 다음과 같다.

기준소득월액	월보험료	지원월액(2022년)
970,000원	87,300원	43,630원
1,000,000원	90,000원	45,000원
2,000,000원	180,000원	45,000원

3) 지원중단

농어업인으로 국고보조를 받다가 시지역으로 전출하여 농어업에 종사하지 않거나, 재산세 과세표준 합계액이 10억원 이상 또는 종합소득금액이 6천만원 이상인 경우 농어업인 국고보조가 중단된다. 다만, 도시지역에 거주한다 하더라도 농어업에 종사한다면 농어업인에 대한 국고보조를 계속해서 지원받을 수 있고, 농어업에 종사하던 가입자가 더 이상 종사하지 않을 경우에는 '가입자내용변경신고서'에 해당내용을 기재하여 제출하여야 한다.

지원중단 농어업인은 다음과 같다.

① 종합소득이 6천만원 이상인 자
② 재산세 과세표준의 합계액이 10억원 이상인 자
③ 주소가 변동되는 등, 더 이상 농어업에 종사하지 않게 된 경우

4) 신청방법

가입자 본인이 직접 신청하여야 한다. 다만, 부득이한 사유가 있는 경우에는 배우자 및 기타 그 가족이 신고를 대리할 수도 있다.

신청방법은 '농어업인확인서'를 거주하는 지역 또는 농업·어업을 직접 경영하거나 종사하는 지역의 시·군·구청 또는 읍·면·동장에게 제출하여 확인을 받은 후 이를 공단에 제출할 때부터 인정한다. 다만, 그 이전부터 농어업에 종사를 한 사실이 확인될 경우는 신청일 직전 6개월 내에서 소급적용 된다.

4.1.5 사업장 연금보험료 지원

1) 지원대상 사업장

'두루누리보험금지원'사업으로 소규모 사업주와 근로자의 사회보험료를 지원하는 제도이다. 지원대상 사업장은 사용자(법인의 대표이사 포함)를 제외한 근로자 10명 미만 사업장에 근무하는 기준소득월액 기준 230만원 미만(2022년 기준)의 근로자(국민연금·고용보험 사업장가입자)가 지원대상이다. 다만, 외국인은 근로자 수 산정에는 포함하나 지원 비대상이다.

사업장 규모 판단은 법인은 법인등록번호, 개인은 사업자등록번호 단위로 근로자 10인 미만 여부를 판단한다. 다만, 사업장이 공공기관에 해당하는 경우는 지원 제외 대상이다. 산전후휴가·육아휴직으로 연금보험료 납부의 예외가 된 근로자·육아기단축시간근로자는 보험료 지원 신청 시 또는 지원 중 규모 판단에서 사업장 근로자수 산정 시 제외한다.

지원대상 근로자의 재산 및 종합소득 요건은 다음과 같다.

재 산	• 재산세 과세표준의 합이 6억원 미만
종합소득	• 종합소득의 합이 연 3,800만원 미만(2022년 기준)

2) 지원수준

사업장 규모 구분 없이 신규가입 근로자에 대하여 연금보험료 중 사용자 부담금 및 근로자 기여금에 대하여 각각 80%를 지원한다. 신규가입자 인정기준은 지원신청일 직전 1년간 국민연금 가입 이력이 없는 자를 말한다. 지원대상 근로자의 지원기간 상한은 근로자별로 36개월이다.

사업장	• 근로자 10명 미만 사업장
소득기준	• 기준소득월액 기준 230만원 미만
지원수준	• 사업장 규모 구분 없이 사용자 및 근로자 부담금의 80% 지원
지원기간	• 근로자별로 36개월 상한

지원기간은 지원신청일이 속하는 달부터 해당연도의 마지막 달까지로 하되, 사업장이 매년 말 현재 연금 보험료를 지원받고 있고, 해당 연도의 월평균 근로자수가 10명 미만인 경우에는 다음 연도 1월 1일에 연금보험료 지원을 신청한 것으로 보아 다음 연도의 연금보험료를 계속 지원할 수 있다.

예를 들어 월소득 200만원, 연금보험료는 180,000원(9%)인 근로자 5인 미만 사업장의 신규가입 근로자인 경우 지원금 산정 예시는 다음과 같다.

구 분	월보험료	사용자		근로자	
		부담금	지원금	기여금	지원금
미 지 원 근로자	180,000원	90,000원	0원	90,000원	0원
신규가입 근로자	180,000원	18,000원	72,000원	18,000원	72,000원

3) 신청방법

기존사업장은 '보험료지원신청서'만 작성하여 제출하면 된다. 신규 성립사업장은 '당연적용사업장 해당신고서'에 신청 여부를 기재하여 제출하면 된다.

전자신고(신청)은 4대사회보험 정보연계센터(http://www.4insure.or.kr) '두루누리보험료지원'에서 하면 되고, 서면신고(신청)은 제출서류를 작성하여 관할 국민연금공단 또는 근로복지공단 지사에 우편 또는 방문, 팩스로 제출하면 된다.

4.1.6 연금보험료에 대한 소득공제

당해연도에 연금보험료 납부 이력이 있는 가입자(상실자 포함)로서 종합소득이 있는 자는 소득공제를 받을 수 있다. 가입자 본인이 부담한 연금보험료 전액(추납보험료 포함)에 대해 소득공제 받을 수 있지만, 사용자가 부담한 부분(사업장가입자의 연금보험료 절반), 연체금액, 자동이체 및 이메일 고지 감액금액, 반납금은 제외된다.

4.2 반환일시금 반납

4.2.1 반환일시금 반납 제도

반환일시금 반납금이란 만 60세에 도달하여 국민연금 수령 요건을 갖추지 못해 반환일시금을 수령한 후 가입자 자격을 재취득한 자가 종전에 수령한 반환일시금에 소정의 이자를 가산하여 반납한 경우 가입기간을 복원해주는 제도이다. 이로 인해 연금혜택을 확대시키고자 하는 것으로 강제사항은 아니다.

4.2.2 반환일시금 반납 신청

1) 신청대상

반환일시금을 지급받은 자 중 가입자 자격을 다시 취득한 자가 신청대상이다. 자격유지 기간 중 반납 신청 및 납부 가능하며, 자격상실시 반납신청은 불가하고, 신청 후 상실자는 납부기한까지 납부가 가능(사망 등은 제외)하다.

2) 납부방법

반납 신청을 한 경우 신청한 달의 다음달 11~15일경 고지서가 발송되며 말일까지 납부하면 된다. 미납 시 1회에 한하여 미납내역 안내를 하고, 체납처분은 하지 않는다.

반납금 산정은 지급받은 반환일시금에 당해 반환일시금 지급일이 속하는 달부터 반납금의 납부신청일이 속하는 달의 전월까지의 기간에 해당하는 이자를 가산한 금액으로 산정한다.

반납금은 전액을 일시에 납부하거나 금액이 클 경우 분할하여 납부할 수 있다.

종전가입기간	분할반납횟수
1년 미만	3회
1년 이상 5년 미만	12회
5년 이상	24회

4.3 연금보험료의 추후납부

4.3.1 추후납부

추후납부를 신청하는 현재시점의 연금보험료로 추후납부 신청대상 기간에 대해 납부할 수 있는 기회를 부여하는 제도로 추납대상기간의 범위에서 신청할 수 있다. 추후납부 개월수 만큼 가입기간으로 추가로 인정하는 제도이며 강제사항이 아니다. 다만, 최대 10년 미만 한도 내에서 추후납부를 할 수 있다.

4.3.2 추후납부 신청

1) 신청대상

국민연금에 소득신고하거나 임의(계속)가입 중인 경우 신청대상이다. 추후납부를 할 수 있는 대상기간은 다음과 같다.

① 연금보험료를 1개월 이상 납부한 날 이후 무소득 배우자 등 적용제외된 기간
② 사업중단이나 실직 등으로 인한 납부예외기간
③ 군복무기간(다만, 공적연금에 가입된 기간 제외)

추후납부는 자격유지 기간 중 신청이 가능하며, 자격상실시 추후납부 신청을 할 수 없다. 기 신청된 추후납부 보험료는 징수권이 소멸되지 않는 한 납부 가능하다. 다만, 납부기한 이후 추가가산이자가 있다. 사망 및 연금수급 등의 경우에는 납부가 불가하다.

2) 납부방법

추납보험료는 전액을 일시에 납부하거나, 금액이 클 경우 월 단위 최대 60회 분할하여 납부할 수 있다. 공단에서는 가입자의 보험료 납부편의를 위해 고지서를 통한 창구 납부는 물론 인터넷, CD/ATM, 가상계좌 납부 등 다양한 납부편의제도를 두고 있다.

납부기한은 추납보험료 납부 신청을 한 경우 신청한 달의 다음달 11~15일경 고지서가 발송되며, 말일까지 납부하면 된다. 미납 시 1회에 한하여 미납내역 안내를 하고 체납처분은 하지 않는다.

3) 추납보험료 산정기준

추납보험료는 추후납부를 신청한 날이 속하는 달의 연금보험료에 추후납부 하고자 하는 기간의 월수를 곱한 금액으로 산정한다. 다만, 임의가입자가 추납보험료를 신청할 경우, 추납보험료 산정을 위한 연금보험료 상한은 국민연금법에 의해 산정한 평균소득월액의 9%를 초과할 수 없다. 2023년 평균소득월액은 2,861,091원이며, 평균소득월액은 매년 변동될 수 있다. 분할하여 납부 시 분할납부이자(1년 만기 정기예금이자율 적용)가 가산된다.

5 국민연금 지급

5.1 국민연금 급여액 산정

국민연금 급여액 산정 산식은 다음과 같다.

> 국민연금 급여액 = 기본연금액 × 지급률 + 부양가족연금액

5.1.1 기본연금액 산정

국민연금 기본연금액 산정 산식은 다음과 같다.

$$[\underset{1988\sim1998}{2.4(A+0.75B)\times P_1/P} + \underset{1999\sim2007}{1.8(A+B)P_2/P} + \underset{2008}{1.5(A+B)\times P_3/P} + \underset{2009}{1.485(A+B)\times P_4}$$

$$/P + \underset{2010}{1.47(A+B)\times P_5/P} + \underset{2011}{1.455(A+B)\times P_6/P} + \cdots\cdots + \underset{2028}{1.2(A+B)\times P_{23}}$$

$$/P + \underset{\text{출산크레딧}}{Y(A+A)\times C/P} + \underset{\text{군복무크레딧}}{X(A+\tfrac{1}{2}A)\times 6/P}]\times(1+0.05n/12)$$

A	• 연금수급 전 3년간 전체 가입자(사업장가입자 및 지역가입자)의 평균소득월액의 평균액로 매년 산정 고시
B	• 가입자 개인의 가입기간 중 기준소득월액의 평균액(노령연금 산정 시에만 실업 크레딧 포함)
P	• 가입자의 전체 가입월수 (노령연금액 산정 시에만 출산, 군복무 및 실업 크레딧을 포함한 전체 가입월수)
n	• 20년 초과월수(노령연금액 산정시에만 출산, 군복무 및 실업을 포함한 전체 가입월수)
Y, X	• 1.5 ~ 1.2까지의 비례상수 중 노령연금 수급권 취득시점의 상수
C	• 추가가입기간 12, 30, 48, 50 (균분하는 경우에는 6, 15, 24, 25)

2022년 12월 ~ 2023년 11월 사이 지급사유 발생자에게 적용할 연금수급 前 3년간의 평균소득월액의 평균액(A)은 2,861,091원이다.

가입자 개인의 가입기간 동안의 기준소득월액을 매년 보건복지부장관이 고시하는 연도별 재평가율에 의하여 연금수급 전년도의 현재가치로 환산한 후 그 합계액을 가입자의 전체 가입월수로 나누어 산정한다.

출산, 군복무 및 실업 크레딧으로 인한 연금액 및 증가되는 가입기간은 노령연금액 산정시에만 적용된다.

구 분	1988~1998년	1999~2007년	2008~2027년	2028년 이후
상 수	2.4	1.8	1.5(매년 0.015씩 감소)	1.2
소득대체율	70%	60%	50%(매년 0.5%씩 감소)	40%
가입월수	P_1	P_2	$P_3 \cdots P_{22}$	P_{23}

5.1.2 지급률

지급률은 다음과 같다.

노령연금	• 가입기간 10년 기준 50%에 가입기간 10년을 초과하는 1년마다 5%를 가산(1년 미만이면 매 1개월마다 5/12% 가산)
장애연금	• 장애1급 100%, 2급 80%, 3급 60%, 4급(일시금) 225%
유족연금	• 가입기간 10년 미만 40%, 10년 이상 20년 미만 50%, 20년 이상 60%

5.1.3 부양가족연금액

국민연금 수급권자(유족연금의 경우에는 사망한 가입자 또는 가입자였던 자)를 기준으로 하는 배우자, 자녀 또는 부모로서 수급권자에 의해 생계를 유지하고 있는 자에 대하여 지급하는 일종의 가족수당 성격의 부가급여이다.

2023년 1월~2023년 12월분이 적용되는 부양가족연금 대상자의 범위 및 부양가족연금액은 다음과 같다.

부양가족 대상자 범위	부양가족연금액
배우자	• 연 283,380원
19세 미만 또는 장애등급 2급 이상에 해당하는 자녀(계자녀 포함)	• 연 188,870원(1인당)
60세 이상 또는 장애등급 2급 이상에 해당하는 부모(계부모와 배우자의 부모 포함)	• 연 188,870원(1인당)

부모의 부양가족연금 대상자 연령요건은 1953~1956년생 61세, 1957~1960년생 62세, 1961~1964년생 63세, 1965~1968년생 64세, 1969년생 이후 65세이다.

5.2 국민연금 급여 청구

5.2.1 청구인

급여지급 청구는 원칙적으로 연금을 받을 수 있는 권리를 가진 수급권자 본인이 하여야 하며 본인에게 지급한다. 다만, 아래의 경우에는 대리인이 지급청구 할 수 있다.

대리인 청구	대리인 청구 사유
법정대리인	수급권자가 미성년자, 법원의 판단에 의해 단독청구가 불가능한 행위능력제한자(피성년후견인 등)인 경우
임의대리인	수급권자가 해외체류, 군복무, 수감 등 기타 부득이한 사유가 있어서 본인의 직접 청구가 곤란한 경우

5.2.2 청구기한

급여를 받을 권리(수급권)가 발생한 때로부터 5년 안에 청구하지 않으면 소멸시효가 완성되어 급여를 지급받을 수 없게 된다. 다만, 매월 지급되는 연금(노령, 장애, 유족연금)의 경우는 신청일로부터 역산하여 최근 5년 이내의 급여분은 지급받을 수 있고, 그 이후에는 매월 해당월의 연금액을 지급받을 수 있다.

일시금은 지급사유가 발생하고 5년(연령도달 사유 반환일시금에 한하여 10년)이 지나면 지급받을 수 있는 권리가 소멸된다. 다만, 향후 연금 지급사유가 발생할 때에는 소멸된 가입기간도 연금산정시 가입기간에 포함하여 지급한다.

분할연금은 수급권이 발생한 때로부터 5년 이내에 청구하지 않으면 제척기간이 만료되어 지급받을 수 없다.

5.2.3 청구방법

국민연금 급여 청구는 수급권자 본인의 주소지에 상관없이 국민연금공단의 전국 어느 지사에서나 청구가 가능하다. 현재 급여청구는 크게 청구서 제출방법에 따라 내방청구와 우편청구로 나눠볼 수 있으며, 청구인의 편의를 위하여 반환일시금과 사망일시금은 일정 범위 내(200만원 이하)에서 전화 · 팩스로 청구할 수 있다.

국민연금 급여 청구서류는 다음과 같으며, 법정대리인이 청구하는 경우에는 대리권을 증명하는 서류를 함께 제출하여야 한다.

① 급여지급청구서(수급권자 본인의 서명 또는 도장 날인)
② 수급권자 신분증 사본(또는 원본 제시)
③ 수급권자 예금계좌
④ 대리권을 증명하는 서류 및 대리인 신분증

5.2.4 급여지급청구 처리 절차

청구인이 노령연금, 장애연금, 유족연금, 반환일시금, 사망일시금의 해당 급여청구서를 공단 지사에 제출하면, 공단 지사에서는 수급요건을 충족하는지를 확인한 후, 수급요건을 충족하는 경우에는 지급결정을 하여 급여(연금, 일시금)를 지급하며, 수급요건을 충족하지 못하는 경우에는 수급권 미해당 결정을 하게 된다.

급여지급청구 처리 절차

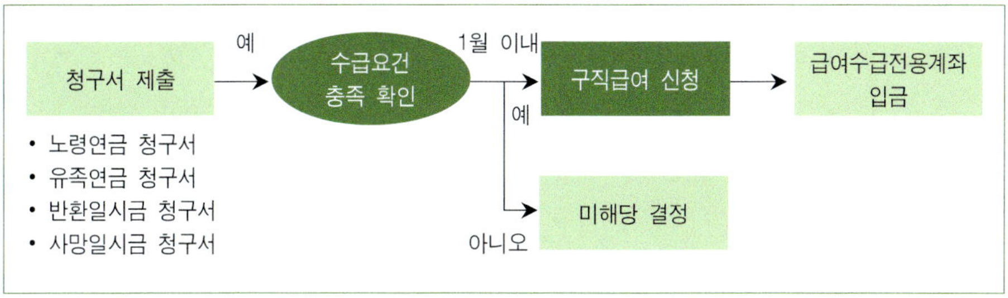

접수된 청구서에 대한 지급결정 또는 미해당 결정 통지는 급여청구일로부터 1월 이내에 하게 되며, 수급요건 추가 확인 등으로 기한을 넘기는 경우에는 처리지연사항을 통보한다. 다만, 수급권 취득일이 속한 달의 연금보험료를 납부하여 연금액이 변경될 수 있는 경우에는 해당 연금보험료 납부기한으로부터 1월 이내에 결정을 하게 된다.

만약, 의학적인 심사절차가 필요한 장애연금과 유족연금(심사가 필요한 경우에 한함)의 경우에는 3주(21일)의 기간이 더 소요된다.

5.2.5 장애·유족연금 심사 절차

급여지급청구서 처리절차 중 장애연금과 유족연금의 경우에는 '수급요건 충족 여부를 확인'하는 과정 중에서 '장애·유족 심사'라는 절차가 있다. 유족연금은 일반적으로는 유족심사를 거치지 않고 지급하게 된다.

장애·유족심사는 특별한 사정이 없는 한 21일 이내에 완료된다. 다만, 토요일, 공휴일 및 자료보완과 직접진단에 따라 추가적으로 소요되는 기간은 심사처리기간에 산입되지 않는다.

5.3 국민연금 급여 지급

5.3.1 지급기간

국민연금은 지급사유가 발생한 날이 속하는 달의 다음달부터 수급권이 소멸한 날이 속하는 달까지 지급한다. 노령연금의 경우 지급사유 발생일은 60세 생일이며(조기노령연금의 경우 청구일), 장애연금의 경우 완치일 또는 초진일로부터 1년 6개월 경과일, 유족연금의 경우 사망일이다. 노령연금의 수급사유 발생일은 다음과 같다.

1953~1956년생	1957~1960년생	1961~1964년생	1965~1968년생	1969년생 이후
61세	62세	63세	64세	65세

5.3.2 지급일

매월 정기지급 되는 국민연금은 노령, 분할, 장애, 유족연금이며 지급일은 매월 25일로 그 달의 연금액을 지급한다. 지급일이 토요일이거나 공휴일인 경우에는 그 전일에 지급한다. 예를 들어 2022.8월분 국민연금은 2022.8.25일 지급한다.

수급권자가 지급받기를 희망하는 금융기관의 예금계좌로 입금되는데, 국민연금 급여수급전용계좌인 「국민연금 안심통장」으로 수령하기를 권장한다.

5.3.3 국민연금 중복급여의 조정

국민연금 중복급여의 조정은 동일인에게 2이상 급여의 수급권이 발생하는 경우 각각의 급여를 모두 지급하는 것이 아니라 수급권자의 선택에 의하여 1개의 급여만 지급되고, 나머지 급여는 지급정지 되는 등 제한을 받는 것을 말한다. 예를 들어 장애연금을 받고 있는 사람에게 노령연금 수급권이 발생한 경우 그 두개의 연금급여 중 수급권자가 선택한 하나의 급여가 지급되고 다른 급여의 지급은 정지된다.

그럼에도 불구하고 선택하지 아니한 급여가 다음에 해당하는 유족연금 또는 반환일시금인 경우 일정액을 추가로 지급한다.

구 분	추가지급 금액
선택하지 아니한 급여가 유족연금	선택한 급여와 유족연금액의 30%를 추가지급
선택한 급여가 반환일시금	유족연금의 30%를 지급하지 않음
선택하지 않은 급여가 반환일시금	선택한 급여를 전액 지급하고, 반환일시금은 '사망일시금 상당액'을 지급
선택한 급여가 장애연금이고, 선택하지 않은 급여가 본인의 연금보험료 납부로 인한 반환일시금일	장애연금만 지급

5.3.4 다른 법률에 의한 중복급여의 조정

장애연금이나 유족연금 지급사유와 동일한 사유로 다른 법률에 의해 급여 등을 지급받을 경우 국민연금 급여액이 조정(1/2) 되거나 일정기간 지급이 정지된다.

① 제3자의 가해행위로 장애 또는 유족연금을 지급할 사유가 발생하고 가해자로부터 손해배상액을 수령한 경우 그 배상액의 범위 안에서 연금지급이 정지된다.
② 장애연금 또는 유족연금 수급권자가 해당 연금의 지급사유와 같은 사유로 근로기준법, 산업재해보상보험법, 선원법, 어선원 및 어선재해보상보험법에 의해 장애보상 또는 유족보상을 받을 수 있는 경우에 그 장애 또는 유족연금액의 1/2에 해당하는 금액을 지급받게 된다.

5.3.5 급여수급전용계좌

국민연금 급여 수급자는 185만원 이하의 급여를 본인 명의의 지정된 급여수급전용계좌로 입금하도록 공단에 신청할 수 있으며, 이 경우 공단은 급여를 급여수급전용계좌로 입금하여야 한다. 급여수급전용계좌가 개설된 금융기관은 국민연금 급여만이 급여수급전용계좌에 입금되도록 하고, 이를 관리하여야 한다.

국민연금 급여를 급여수급전용계좌로 받으려는 사람은 급여의 지급청구서(노령연금 재지급 신청서 및 유족연금 수급권 변경 신고서 포함)에 급여수급전용계좌의 계좌번호를 적어 공단에 제출하여야 한다. 급여수급전용계좌를 변경하는 경우에도 또한 같다.

공단은 수급자가 급여수급전용계좌를 개설한 금융기관이 폐업, 업무정지 또는 정보통신 문제 등으로 정상영업이 불가능하거나 이에 준하는 불가피한 사유로 급여를 이체할 수 없는 경우에 수급자의 신청에 따라 다른 금융기관의 급여수급전용계좌로 변경하여 지급하여야 한다. 다만, 다른 금융기관의 급여수급전용계좌를 개설할 수 없고 수급자가 희망하는 경우에는 공단이 지정하는 금융기관을 통하여 현금으로 지급할 수 있다.

만약, 국민연금 급여 수령금액이 185만원을 초과하는 경우에는 급여수급전용계좌와 일반계좌를 동시에 개설한 후 신고하여야 한다. 급여수급전용계좌에는 최고 185만원까지 입금할 수 있으므로 185만원을 초과하는 수령금액은 일반계좌로 입금하여야 한다.

5.4 크레딧 제도

출산, 군복무 및 실업에 대해 연금 가입기간을 추가 인정해주는 크레딧 제도를 통해 노령연금 수급기회를 확대해 준다.

5.4.1 군복무 크레딧

1) 제도 개요

병역의무를 이행한 자에게 6개월의 가입기간을 추가로 인정하고 해당기간의 소득은 A값의 1/2를 인정한다. 다만, 2008.1.1 이후 군에 입대하는 자부터 인정한다.

2) 적용 대상

「병역법」에 따른 현역병, 사회복무요원, 전환복무자, 상근예비역, 국제협력봉사요원, 공익근무요원이 적용 대상이다. 6개월 이상 복무한 자가 (조기)노령연금 수급권을 취득한 때 적용한다. 또한, 가입기간 추가 시 수급권을 취득할 수 있는 경우를 포함한다.

군복무 크레딧의 경우 추후 연금을 신청한 때 가입기간을 추가하므로 별도 신청은 불필요하다.

5.4.2 출산 크레딧

1) 제도 개요

2자녀 이상 출산 시 가입기간을 추가로 인정하고 해당기간의 소득은 A값의 전액을 인정한다. 다만, 2008.1.1 이후 출산 · 입양 한 자녀부터 인정한다.

2) 적용 대상

2인 이상의 자녀가 있는 가입자가 (조기)노령연금 수급권을 취득한 때 적용한다. 또한, 가입기간 추가 시 수급권을 취득할 수 있는 경우 포함한다.

가입자가 지급연령도달(전) 사유로 반환일시금을 청구하였으나, 추가 가입기간 포함 시 가입기간이 120개월 이상인 경우 노령연금을 지급한다.

3) 추가 인정기간

추가 인정기간은 자녀가 2인인 경우는 12개월이고, 자녀가 3인 이상인 경우는 12개월 + 2자녀를 초과하는 1인마다 18개월을 가산하며, 최고 50개월이 상한이다.

자녀수	2자녀	3자녀	4자녀	5자녀
추가 인정기간	12개월	30개월	48개월	50개월

4) 출산 그레딧에 대하여 부모 간 합의 절차

부모가 모두 가입자로서 해당 자녀로 인하여 추가 가입기간이 발생할 수 있는 경우 부모의 합의에 따라 2명 중 1명의 가입기간으로의 산입 여부에 대하여 합의하여야 한다. 합의는 부모 중 먼저 1명이 급여의 지급을 청구한 날로부터 1개월 이내에 합의서를 제출하여야 하며, 기한 내 합의하지 않는 경우 추가 가입기간은 부와 모에게 균분한다.

5.4.3 실업 크레딧

구직급여 수급자가 연금보험료의 납부를 희망하고 본인 부담분 연금보험료(25%)를 납부하는 경우, 국가에서 보험료(75%)를 지원하고 그 기간을 최대 12개월까지 가입기간으로 추가 산입한다. 연금보험료 산정 시 인정소득은 실업 전 평균소득의 50%로 하되 상한은 70만원이며, 인정소득의 9%가 납부대상 연금보험료이다.

6 국민연금 종류

6.1 노령연금

6.1.1 노령연금 개요

노령연금은 국민연금의 기초가 되는 급여로 국민연금 가입자가 나이가 들어 소득활동에 종사하지 못할 경우 생활안정과 복지증진을 위하여 지급되는 급여이다. 가입기간(연금보험료 납부기간)이 10년 이상이면 60세(조기노령연금의 경우 55세) 이후부터 평생 동안 매월 지급받을 수 있다.

이 때 지급개시연령은 60세(조기노령연금의 경우 55세)에서 점차 상향되어 1969년 이후 출생자부터는 65세(조기노령연금의 경우 60세)에 연금을 받도록 규정하고 있다. 노령연금은 가입기간, 연령, 소득활동 유무에 따라 노령연금, 조기노령연금이 있습니다.

출생연도	지급개시연령		
	노령연금	조기노령연금	분할연금
1952년생 이전	60세	55세	60세
1953 ~ 56년생	61세	56세	61세
1957 ~ 60년생	62세	57세	62세
1961 ~ 64년생	63세	58세	63세
1965 ~ 68년생	64세	59세	64세
1969년생 이후	65세	60세	65세

6.1.2 노령연금 수령금액

노령연금은 가입기간이 10년 이상이고 60세(지급연령 상향규정 적용: 60 ~ 65세)가 된 때에 기본연금액과 부양가족연금액을 합산하여 평생 동안 지급하는 연금이다.

노령연금 수령금액 = 기본연금액 × 가입기간별 지급률 + 부양가족연금액

가입기간별 지급률은 가입기간 10년 기준 50%에 가입기간 10년을 초과하는 1년마다 5%를 가산해서 가입기간이 20년이 될 경우 100%가 된다. 다만, 1년 미만이면 매 1개월마다 5%/12 가산한다.

1) 소득활동에 따른 노령연금액

가입기간이 10년 이상이고 지급개시연령에 도달하여 노령연금을 받고 있는 수급자가 일정 수준을 초과하는 소득이 있는 업무에 종사하는 경우, 2015.7.29 이후 수급권을 취득한 수급자는 지급개시연령부터 5년 동안은 소득 수준에 따라 감액된 금액으로 지급된다. 이 때 부양가족연금액은 지급되지 않는다. 소득구간별 감액기준에 따른 감액한도는 노령연금의 1/2 이다. 연령별 지급률은 연금지급개시연령부터 1년마다 감액률을 차등 적용하여 최고 50%부터 최저 10%까지 감액한다.

수급권 취득시점	노령연금액 계산
2015.7.29 이후	노령연금액(月) = [(기본연금액 × 가입기간별 지급률) ÷ 12] − 월감액금액
2015.7.29 이전	노령연금액(年) = 기본연금액 × 가입기간별 지급률 × 연령별 지급률

하지만, 처음 연금을 받을 당시 소득이 있는 업무에 종사하여 연금액이 감액되었더라도, 65세(지급연령 상향규정 적용, 65 ~ 70세) 전에 소득이 있는 업무에 종사하지 않게 되면 감액되지 않은 연금액을 받을 수 있다.

2015.7.29 이후 수급권 취득자의 소득구간별 월감액금액은 다음과 같다.

A값 초과소득월액	노령연금 지급 감액분	월감액금액	근로소득만 있는 경우 근로소득공제 전 기준 금액 (12개월 종사 기준)	
			총급여	월급여
100만원 미만	초과소득월액의 5%	0~5만원 미만	44,036,117원 초과	3,669,676원 초과
100만원 ~ 200만원 미만	5만원+ (100만원을 초과한 소득월액의 10%)	5~15만원 미만	56,769,146원 이상	4,730,762원 이상
200만원 ~ 300만원 미만	15만원+ (200만원을 초과한 소득월액의 15%)	15~30만원 미만	69,400,725원 이상	5,783,394원 이상
300만원 ~ 400만원 미만	30만원+ (300만원을 초과한 소득월액의 20%)	30~50만원 미만	82,032,304원 이상	6,836,025원 이상
400만원 이상	50만원+ (400만원을 초과한 소득월액의 25%)	50만원 이상	94,663,883원 이상	7,888,657원 이상

2) 소득이 있는 업무

연금수급자의 소득이 있는 업무란 월평균소득금액이 전년말 기준 3년간 전체 가입자의 평균소득월액의 평균액 보다 많은 경우를 말한다.

소득이 있는 업무 = 월평균소득금액 > 3년간 전체 가입자의 평균소득월액의 평균액

즉, 사업장 근로자와 사업자등록자 구분 없이 소득세법 규정에 따른 사업소득금액, 근로소득금액을 합산한 금액을 당해연도 종사월수로 나눈 금액이 전년도 연말기준으로 산정된 연금수급 전 3년간의 전체 가입자의 평균소득월액의 평균액(2023년의 경우 월 2,861,091원)보다 많은 경우, '소득이 있는 업무'에 종사하는 것으로 본다.

월평균소득금액 = (근로소득금액 + 사업소득금액) ÷ 종사월수

* 근로소득금액 = 총급여 - 근로소득공제액
* 사업소득금액 = 총수입금액 - 필요경비

적용기간은 해당 연도 사업소득금액과 근로소득금액을 기준으로 해당 연도 1월부터 12월까지 기간 중 소득활동에 종사한 기간이다. 근로소득만 있는 경우 근로소득공제 전 급여가 연 44,036,117원(12개월 종사 기준) 초과 시 감액 또는 정지될 수 있다.

6.1.3 노령연금 연기제도

노령연금 수급자가 희망하는 경우 연금 수급권을 취득한 출생연도별 지급개시연령 도달일(61~65세)로부터 5년이 될 때까지의 기간동안(최대 5년) 연금액의 전부 또는 일부에 대해 지급의 연기를 신청할 수 있다.

연금 일부의 지급 연기를 신청하려는 수급권자는 노령연금액 중 50%, 60%, 70%, 80%, 90%, 전부에 해당하는 금액 중 하나를 선택하여 지급 연기를 신청할 수 있다.

연금을 다시 받게 될 때에는 연기를 신청하기 전 원래의 노령연금액(부양가족연금액 제외, 부분연기의 경우 연기비율 적용)에 대하여 연기된 매 1년당 7.2%(월 0.6%)의 연금액을 더 올려서 지급한다. 그리고 연기를 신청하기 전 원래의 노령연금액과 추가로 지급되는 이자상당액에 대하여는 전년도 기준 전국소비자물가변동률에 따라 조정한 금액으로 지급한다.

노령연금금액 = 물가상승률을 반영한 연금금액 + 연기한 노령연금금액 × 연 7.2%

6.1.4 조기노령연금

1) 조기노령연금 수령

가입기간이 10년 이상이고 55세(지급연령 상향규정 적용: 55 ~ 60세) 이상인 사람이 소득 있는 업무에 종사하지 않는 경우에 본인이 신청하면 60세(노령연금 지급개시연령, 지급연령 상향규정 적용: 60 ~ 65세) 전이라도 지급받을 수 있는 연금이다. 이 경우 가입기간 및 처음 연금을 받는 연령에 따라 일정률의 기본연금액에 부양가족연금액을 합산하여 평생동안 지급받게 된다.

조기노령연금금액 = (노령연금금액 - 부양가족연금액) × 연령별지급비율 + 부양가족연금액

조기노령연금은 노령연금을 원래 받는 나이보다 앞당겨 미리 받기 때문에 연금을 신청할 경우 연 6%(1개월 당 0.5%) 감액되어 지급된다. 따라서 1년 일찍 신청할 경우에는 연 6%가 감액되어 94%를 받게 되고, 5년 일찍 신청하면 30%가 감액되어 70%만 지급하게 된다. 따라서 꼭 필요한 경우가 아니면 조기노령연금을 수령할 필요가 없다.

55세에 조기노령연금을 개시할 경우에 연령별지급률은 다음과 같다.

55세	56세	57세	58세	59세
70%	76%	82%	88%	94%

다만, 55세(지급연령 상향규정 적용: 55 ~ 60세) 이후에 연금을 신청하여 지급받다가 노령연금 지급개시 연령(60 ~ 65세) 전에 소득이 있는 업무에 종사할 경우는 그 소득이 있는 기간 동안 연금지급이 정지된다. 조기노령연금 수급권자가 소득이 있는 업무에 종사하게 되어 지급을 정지하는 이유는 조기노령연금은 소득이 없는 것을 전제로 일반적인 노령연금보다 일찍 지급하는 급여이기 때문이다.

2) 조기노령연금 지급정지 신청

조기노령연금을 받고 있는 지급연령 미만인 사람이 소득이 있는 업무에 종사하지 않은 상태에서 연금지급의 정지를 신청할 수 있다. 지급정지를 신청하면 다시 국민연금의 가입대상이 되므로 국민연금 보험료를 납부할 수 있으며, 재지급 신청 시 늘어난 가입기간을 합산하여 재산정된 연금액을 지급받게 된다.

6.2 분할연금

6.2.1 수급요건

1) 제도 취지

분할연금제도는 혼인기간 동안 배우자의 정신적·물질적 기여를 인정하고 그 기여분을 분할하여 지급함으로써 이혼한 배우자의 안정적인 노후생활을 보장하기 위한 제도이다.

2) 수급요건

배우자의 국민연금보험료 납부기간 중 혼인 기간이 5년 이상인 배우자가 아래의 요건을 모두 갖추면 분할연금을 지급한다. 배우자의 가입기간 중의 혼인 기간으로서 실질적인 혼인관계가 존재하지 아니하였던 기간을 제외한 기간에 대하여 신청할 수 있다.

① 배우자와 이혼하였을 것
② 배우자였던 사람이 노령연금 수급권자일 것
③ 분할연금 수급권자 본인이 60세가 되었을 것 (지급연령 상향규정 적용: 55 ~ 60세)

3) 급여수준

배우자였던 자의 노령연금액(부양가족연금액 제외) 중 혼인기간에 해당하는 연금액의 1/2을 지급한다. 다만, 2016.12.30 이후 분할연금 지급사유가 발생한 건에 대해서는 분할비율을 당사자 간 협의 또는 법원의 재판으로 달리 결정할 수 있다.

배우자였던 자가 소득이 있는 업무에 종사하여 감액된 연금액을 지급받더라도 감액 전의 노령연금액을 기준으로 혼인기간에 해당하는 연금액을 나눈 금액을 분할연금액으로 지급한다.

6.2.2 청구방법

1) 청구인

분할연금 청구는 원칙적으로 연금을 받을 수 있는 권리를 가진 자(수급권자) 본인이 하여야 하며 본인에게 지급한다. 다만, 아래의 경우에는 대리인이 지급청구 할 수 있다.

대리인 청구	대리인 청구 사유
법정대리인	수급권자가 미성년자, 법원의 판단에 의해 단독청구가 불가능한 행위능력제한자(피성년후견인 등)인 경우
임의대리인	수급권자가 해외체류, 군복무, 수감 등 기타 부득이한 사유가 있어서 본인의 직접 청구가 곤란한 경우

2) 청구기한

분할연금을 청구할 권리는 수급권(받을 수 있는 권리)이 발생한 때로부터 5년 이내에 청구하지 않으면 제척기간이 만료되어 받을 수 없게 된다.

2016.11.30 전에는 수급권이 발생한 때로부터 3년이 경과한 때에 수급권이 소멸되었으며, 2016.11.30 이후에는 당시 수급권이 발생한 때로부터 3년이 경과하지 않았던 경우에도 제척기간 5년을 적용한다.

3) 분할연금의 선청구

이혼 발생시기와 배우자의 노령연금 수급권 발생 시기, 본인의 노령연금 지급연령 도달 사이에는 시간적 격차가 존재함에 따라, 일반적인 연금청구권과 달리 분할연금은 수급권 취득 예정자에게 그 지급사유가 도래하기 전 급여를 청구할 수 있도록 하는 특례를 인정하고 있다. 다만, 분할연금을 선청구하더라도 분할연금이 실제 지급되는 시기는 모든 수급요건을 충족하여 분할연금 수급권이 발생한 이후가 된다.

이에 따라, 분할연금 수급권 발생 예정자는 이혼의 효력이 발생한 때로부터 3년 이내에 「분할연금 지급 (선)청구서」를 공단에 제출하여 분할연금 선청구를 신청할 수 있다. 분할연금 지급 선청구 및 선청구의 취소는 1회에 한하여 가능하다.

4) 청구서류

반드시 필요한 서류	해당 시 필요한 서류
• 분할연금지급청구서(서명 또는 날인) • 신분증 • 혼인관계증명서에 대한 상세증명서(주민등록번호 포함) • 수급권자 예금통장 사본	• 혼인 및 이혼사실을 입증할 수 있는 서류 • 혼인기간 또는 분할비율이 별도로 정해진 경우 – 혼인기간·연금 분할 비율 신고서 – 실질적 혼인관계 부존재 기간 또는 분할비율 별도 결정 사실을 증명할 수 있는 서류

6.2.3 분할연금 지급의 특례

1) 신고대상

연금분할 비율을 별도로 결정하는 분할연금 지급의 특례 대상은 다음과 같다.

① 가입기간 중 혼인 기간이 5년 이상인 이혼의 양 당사자(노령연금 수급권(발생)예정)자 및 그 배우자였던 분할연금 수급권(발생예정)자이면서,
② 당사자의 협의 또는 법원의 재판을 통해 연금분할 비율을 별도 결정한 경우

2) 구비서류

협의서의 경우 '공증서류' 첨부 또는 '신고인 상대방의 인감날인(또는 서명) 및 신고인 상대방의 인감증명서(또는 본인서명사실확인서)'를 첨부하고, 국민연금공단 제출용으로 발급된 것에 한정한다. 발급용도란은 신청인이 기재한다. 다만, 협의서에 공증서류나 인감증명서가 첨부되지 않거나 대리인 발급 인감증명서를 첨부한 경우 신고인 상대방에게 협의 여부에 대한 확인절차를 거친 후 분할비율을 결정한다.

① 혼인기간 · 연금 분할 비율 신고서
② 협의서 또는 재판서

6.2.4 실질적 혼인관계 부존재 기간

1) 신고대상

법률혼의 양 당사자 중 누구라도 별거 · 가출 등의 사유로 실질적인 혼인관계가 존재하지 않았던 기간이 있는 경우가 신고대상이다. 별거 · 가출 등의 사유로는 실종선고에 따른 실종기간, 거주불명 등록기간, 당사자 간 합의 또는 재판으로 정해진 기간을 말한다.

① 가입기간 중 혼인 기간이 5년 이상인 이혼의 양 당사자(노령연금 수급권(발생)예정)자 및 그 배우자였던 분할연금 수급권(발생예정)자이면서,
② 법률혼의 양 당사자 중 누구라도 별거 · 가출 등의 사유로 실질적인 혼인관계가 존재하지 않았던 기간이 있는 경우

2) 구비서류

협의서의 경우 '공증서류' 첨부 또는 '신고인 상대방의 인감날인(또는 서명) 및 신고인 상대방의 인감증명서(또는 본인서명사실확인서)'를 첨부하고, 국민연금공단 제출용으로 발급된 것에 한정한다. 발급용도란은 신청인이 기재한다. 다만, 협의서에 공증서류나 인감증명서가 첨부되지 않거나 대리인 발급 인감증명서를 첨부한 경우 신고인 상대방에게 협의 여부에 대한 확인절차를 거친 후 분할비율을 결정한다. 거주불명등록의 경우 신고서만 제출한다.

① 혼인기간·연금 분할 비율 신고서
② 실질적 혼인관계 부존재 기간의 사유에 따라 아래의 서류를 첨부
- 민법상 실종: 법원의 실종선고 심판서
- 당사자 간 합의서
- 법원 재판: 판결문, 조정서, 화해결정문

6.3 장애연금

6.3.1 수급요건

장애연금은 가입자나 가입자였던 자가 질병이나 부상으로 신체적 또는 정신적 장애가 남았을 때, 이에 따른 소득 감소부분을 보전함으로써 본인과 가족의 안정된 생활을 보장하기 위한 급여이다. 장애정도(1급~4급)에 따라 일정한 급여를 지급하며, 다음의 초진일 요건과 국민연금보험료 납부요건이 모두 충족되어야 한다.

구분	내용
초진일 요건	• 초진일이 18세 생일부터 노령연금 지급연령 생일의 전날까지 있어야 하고, 다음의 ① ~ ③ 기간 중에 있지 않아야 함 ① 공무원연금, 군인연금, 사립학교교직원연금, 별정우체국연금 가입기간 ② 국외이주, 국적상실 기간 ③ 국민연금 특수직종노령연금 또는 조기노령연금 수급권 취득한 이후의 기간(다만, 조기노령연금의 지급이 정지된 기간은 제외)
연금보험료 납부요건	• 다음의 ① ~ ③ 중 하나를 충족하여야 함 ① 초진일 당시 연금보험료를 낸 기간이 가입대상기간의 1/3 이상 ② 초진일 당시 5년 전부터 초진일까지의 기간 중 연금보험료를 낸 기간이 3년 이상(다만, 가입대상기간 중 체납기간이 3년 이상인 경우 제외) ③ 초진일 당시 가입기간이 10년 이상

다만, 질병이나 부상의 초진일이 2016.11.30 전인 경우에는 가입 중에 생긴 질병(질병의 초진일이 가입 중에 있는 경우로서 가입자가 가입 당시 발병 사실을

알지 못한 경우 포함)이나 부상이 장애의 원인이 된 경우에 한해 장애연금이 지급된다.

초진일로부터 1년 6개월 경과 후에도 완치되지 아니한 경우에는 초진일로부터 1년 6개월이 경과한 날을 기준으로 장애정도를 결정한다. 만약, 1년 6개월이 경과된 시점의 장애정도가 장애등급(1급~4급)에 해당하지 않았으나 그 장애가 악화되어 60세가 되기 전에 장애등급에 해당되면 청구한 날과 완치된 날 중 빠른 날을 기준으로 장애등급을 결정한다. 이때, 60세 이후 청구한 경우라면 60세 전 완치일이 있는 경우에만 장애연금의 지급이 가능하다.

6.3.2 급여수준

장애연금을 받고 있는 사람이라도 18세 이상 60세 미만인 기간 동안은 국민연금 가입대상이 되며, 근로소득이나 사업소득 등이 있는 경우 연금보험료를 납부하여야 한다.

장애등급	급여수준
1급	기본연금액의 100% + 부양가족연금액
2급	기본연금액의 80% + 부양가족연금액
3급	기본연금액의 70% + 부양가족연금액
4급	기본연금액의 225% (일시보상금)

5.3.3 청구방법

1) 청구기한

장애연금은 수급권(받을 수 있는 권리)이 발생한 때로부터 5년 안에 청구하지 않으면 소멸시효가 완성되어 받을 수 없게 된다. 다만, 장애연금은 청구일로부터 역산하여 최근 5년 이내의 급여분을 지급하며, 그 이후에는 해당월의 연금액을 매월 지급받을 수 있다.

장애4급은 일시금으로 지급되므로 그 지급사유발생일의 다음 달부터 67개월 동안 지급된 것으로 보아 소멸시효를 적용한다.

2) 구비서류

반드시 필요한 서류	해당시 필요한 서류
• 장애연금지급청구서(서명 또는 날인) • 신분증 • 혼인관계증명서에 대한 상세증명서(주민등록번호 포함) • 국민연금 장애심사용진단서 및 소견서 • 장애발생·사망 경위 신고서 • 수급권자 예금통장 사본 • 국민건강보험 요양급여내역(담당직원 확인사항) • 장애심사를 위한 구비서류 　– 진료기록지, 영상자료(X-ray, CT, MRI) 등	• 부양가족연금계산대상자가 있는 경우 　– 가족관계증명서에 대한 상세증명서 (주민등록번호 포함) 　– 생계유지확인 필요시 관련 서류 • 최초 진료기관과 장애진단서 발급기관이 상이한 경우 　– 초진 의료기관의 일반진단서 또는 소견서 • 연금의 중복급여조정에 해당하는 경우 　– 산업재해보상보험법, 근로기준법, 선원법, 어선원 및 어선 재해보상보험법상 보상 수령여부 확인 서류 • 제3자의 가해가 있는 경우 　– 사건사실증명원 및 손해배상수령여부 확인 서류

5.3.4 지급제한

1) 고의로 장애를 발생시키는 경우 지급제한

가입자 또는 가입자였던 자가 고의로 질병·부상 또는 그 원인이 되는 사고를 발생시켜서 장애를 입게 된 경우에는 지급하지 않을 수 있다.

2) 미납에 따른 지급제한

초진일이 2016.11.30. 전인 경우 초진일 당시 연금보험료를 납부한 사실이 없거나 납부한 기간이 납부하여야 할 기간의 2/3에 미달하는 경우 장애연금이 지급되지 않는다. 다만, 초진일 당시 보험료를 납부하지 않은 기간이 6개월 미만인 경우에는 지급된다.

3) 다른 법률에 의한 연금의 중복급여의 조정

장애연금 수급권자가 장애연금 지급사유와 동일한 사유로 근로기준법에 의한 장애보상 또는 일시보상, 산업재해보상보험법에 의한 장해급여 또는 진폐보상연금, 선원법에 의한 장해보상 또는 일시보상, 어선원 및 어선재해보상보험법에 의한 장해급여 또는 일시보상급여를 받을 수 있는 경우에는 장애연금액의 1/2에 해당하는 금액을 지급한다.

4) 손해배상에 따른 지급제한

장애연금 지급사유가 제3자의 행위에 의해 발생한 경우에는 수령한 손해배상금을 기준으로 일정기간 장애연금의 지급을 정지하고, 정지 기간이 종료된 후 장애연금을 다시 지급한다.

6.4 유족연금

6.4.1 수급요건

유족연금은 국민연금에 일정한 가입기간이 있는 사람 또는 노령연금이나 장애등급 2급 이상의 장애연금을 받던 사람이 사망할 경우 지급한다. 그에 의하여 생계를 유지하던 유족에게 가입기간에 따라 일정률의 기본연금액에 부양가족연금액을 합한 금액을 지급하여 남아있는 가족들이 안정된 삶을 살아갈 수 있도록 하기 위한 연금이다. 다만, 노령연금수급권자가 사망한 경우 유족연금액은 사망한 자가 지급받던 노령연금액을 초과할 수 없으며, 노령연금의 지급연기로 인한 가산금액은 유족연금액에 반영되지 않는다.

유족연금 지급 대상자는 다음과 같다.

① 노령연금 수급권자
② 장애등급 2급 이상의 장애연금 수급권자
③ 가입기간 10년 이상인 가입자(였던 자)
④ 연금보험료를 낸 기간이 가입대상 기간의 1/3이상인 가입자(였던 자)
⑤ 사망일 5년 전부터 사망일까지의 기간 중 3년 이상 연금보험료를 낸 가입자(였던 자). 다만, 전체 가입대상기간 중 체납기간이 3년 이상인 경우는 유족연금을 지급하지 않음

6.4.2 급여수준

유족연금 급여수준은 다음과 같다.

가입기간	연금액
10년 미만	기본연금액의 40% + 부양가족연금액
10년 이상 ~ 20년 미만	기본연금액의 50% + 부양가족연금액
20년 이상	기본연금액의 60% + 부양가족연금액

6.4.3 구비서류

반드시 필요한 서류	해당시 필요한 서류

• 유족연금지급청구서 (서명 또는 날인)
• 신분증
• 사망자의 폐쇄등록부에 관한 가족관계증명서
• 사망진단서 또는 사체검안서
  – 없는 경우 사망에 관한 인우확인서 또는 사망증명서(등록사무관서 제출용)
• 장애발생 · 사망 경위 신고서
• 수급권자 예금통장 사본
	• 부양가족연금계산대상자가 있는 경우
	  – 가족관계증명서에 대한 상세증명서 (주민등록번호 포함)
	  – 생계유지확인 필요시 관련 서류
	• 초진일 심사 필요시
	  – 최종 진료기관의 진단서(소견서) 또는 진료기록 등 초진일 확인에 참고가 될 수 있는 자료
	• 연금의 중복급여조정에 해당하는 경우
	  산업재해보상보험법, 근로기준법, 선원법, 어선원 및 어선 재해보상보험법상 보상 수령여부 확인 서류
	• 제3자의 가해가 있는 경우
	  – 사건사실증명원 및 손해배상수령여부 확인 서류

6.4.4 유족의 범위

국민연금법상 유족이란 사망자에 의하여 생계를 유지하고 있던 가족으로 아래의 요건을 충족하는 배우자(사실혼배우자 포함), 자녀, 부모, 손자녀, 조부모 순위 중 최우선 순위자에게 유족연금을 지급한다. 만약, 연금을 받을 수 있는 대상자가 동순위로 2인 이상인 경우에는 같은 금액을 나누어 지급하지만, 그 중 대표자를 선정하여 청구하는 경우에는 그 대표자에게 지급한다.

지급 순위	유족 범위	세부조건
1순위	배우자	사실혼 배우자 포함
2순위	자녀	25세 미만 또는 장애등급 2급 이상
3순위	부모	배우자의 부모 포함 60세 이상 또는 장애등급 2급 이상
4순위	손자녀	19세 미만 또는 장애등급 2급 이상
5순위	조부모	배우자의 조부모 포함 60세 이상 또는 장애등급 2급 이상

6.4.5 지급제한

1) 유족연금의 지급정지

유족연금 수급권자가 배우자인 경우 수급권이 발생한 때부터 3년 동안 유족연금을 지급한 후 55세가 될 때까지 그 지급을 정지한다. 다만, 그 수급권자가 다음 사유 중 하나에 속하는 경우 지급을 정지하지 않는다.

① 장애등급이 2급 이상인 경우
② 사망자의 25세 미만 자녀 또는 장애등급 2급 이상의 자녀의 생계를 유지한 경우
③ 소득이 있는 업무에 종사하지 아니하는 경우

자녀나 손자녀인 유족연금 수급권자가 연령도달로 수급권이 소멸되기 전에 입양된 경우 입양된 때부터 파양될 때까지 그 지급을 정지한다. 장애로 수급권을 취득한 자가 장애등급 2급 이상에 해당하지 아니하게 된 때부터 그 질병이나 부상이 악화되어 다시 장애등급 2급 이상에 해당하게 될 때까지 그 지급을 정지한다.

2) 손해배상에 따른 지급제한

국민연금 가입자가 제3자의 행위에 의해 사망하여 유족연금 지급사유가 발생한 경우에는 유족이 수령한 손해배상금을 기준으로 일정기간 유족연금의 지급을 정지하고, 정지기간이 종료된 후 유족연금을 지급한다.

3) 다른 법률에 따른 연금의 중복급여 조정

유족연금 수급권자가 동일한 사유로 근로기준법에 의한 유족보상, 산업재해보상보험법에 의한 유족급여, 선원법, 어선원 및 어선재해보상보험법에 의한 유족보상을 받을 수 있는 경우에는 유족연금의 1/2에 해당하는 금액을 지급한다.

4) 고의로 사망하게 한 경우 지급제한

유족연금은 가입자 또는 가입자였던 자가 자살한 경우에도 지급되지만, 다음의 유족에게는 유족연금을 지급하지 않는다.

① 가입자 또는 가입자였던 자를 고의로 사망하게 한 유족
② 유족연금의 수급권자로 될 수 있는 자를 고의로 사망하게 한 유족
③ 다른 유족연금 등의 수급권자를 고의로 사망하게 한 유족연금 등의 수급권자

5) 유족연금 수급권의 소멸

유족연금 수급권자가 아래의 어느 하나에 해당하게 되면 그 수급권은 소멸된다.

① 수급권자가 사망한 때
② 배우자인 수급권자가 재혼한 때
③ 자녀나 손자녀인 수급권자가 파양된 때
④ 장애등급 2급 이상에 해당하지 아니한 자녀인 수급권자가 25세가 된 때 또는 장애등급 2급 이상에 해당하지 아니한 손자녀인 수급권자가 19세가 된 때
⑤ 가입자 또는 가입자였던 사람이 사망할 당시 그 가입자 또는 가입자였던 사람의 태아가 출생하였을 때, 가입자 또는 가입자였던 자의 태아가 출생한 경우 가입자 또는 가입자였던 자에 의하여 생계를 유지하고 있던 자녀로 인정하므로, 자녀보다 후순위로 유족연금을 받던 자의 수급권은 소멸

6.4.6 유족연금 차액 보상금

1) 제도 취지

연령도달로 유족연금 수급권이 소멸되는 자녀 또는 손자녀인 수급권자에 대해 수급권이 소멸할 때까지 지급받은 유족연금액이 사망일시금으로 지급받는 경우보다 적은 경우 그 차액을 보전해 주는 제도이다. 이로써 수급권자의 생계를 보호하고 다른 수급권자와의 형평을 맞추기 위해 도입한 제도이다.

2) 대상 및 지급요건

유족연금 수급권자 중 일정한 연령(자녀 25세, 손자녀 19세) 도달로 수급권이 소멸되는 자녀 또는 손자녀인 수급권자가 대상이 된다. 수급권 소멸연령(자녀 25세, 손자녀 19세)에 도달 시 입양 또는 장애 2급 이상 미해당으로 수급권이 정지되지 않았어야 한다. 또한, 수급권 소멸연령(자녀 25세, 손자녀 19세)에 도달할 때까지 지급받은 유족연금 총액이 사망일시금으로 지급했을 때의 금액보다 적은 경우에 한해 그 차액을 지급받을 수 있다. 다만, 사망일시금 산정대상 가입기간이 없는 경우는 유족연금 차액 보상대상이 아니다.

예를 들어 가입자가 사망하여 25세 미만 자녀가 장애연금(미지급급여)과 유족연금을 지급받았으며, 지급받은 장애연금의 지급사유발생일 이후 가입기간이 존재하지 않는 경우 유족연금 차액 보상금을 지급하지 않는다.

3) 지급금액

유족연금 차액 보상금 지급금액은 다음과 같다.

차액 보상금 = 사망일시금 - 연령도달로 수급권 소멸시까지 지급받은 유족연금총액

사망일시금은 유족연금 지급사유발생일 당시를 기준으로 산정한 금액을 말한다. 이 때, 사망일시금액은 가입자 또는 가입자였던 자의 반환일시금에 상당하는 금액으로 하되, 그 금액은 연도별 재평가율에 의하여 사망일시금 수급전년도의 현재가치로 환산한 최종 기준소득월액 또는 가입기간 중 기준소득월액의 평균액 중 많은 금액의 4배를 한도로 한다. 연령도달은 자녀는 25세, 손자녀는 19세를 말한다. 유족연금총액은 부양가족연금액을 포함하여 물가상승률을 반영한 금액이다.

6.5 반환일시금

6.5.1 수급요건

반환일시금은 60세 도달, 사망, 국적상실, 국외이주 사유로 국민연금에 더 이상 국민연금 가입자 자격을 유지할 수 없고 연금수급요건을 채우지 못한 경우, 그 동안 납부한 보험료에 이자를 더해 일시금으로 지급하는 급여이다.

반환일시금은 다음과 같은 경우에 지급된다.

① 가입기간 10년 미만인 자가 60세가 된 경우(다만, 특례노령연금수급권자는 해당되지 않음)
② 가입자 또는 가입자였던 자가 사망하였으나 유족연금에 해당되지 않는 경우
③ 국적을 상실하거나 국외로 이주한 경우

반환일시금은 더 이상 국민연금 가입자 자격을 유지할 수 없는 경우(60세 도달, 사망, 국외이주 · 국적상실)에만 지급되는 급여이다. 하지만, 현재 국민연금 자격을 상실한 자라고 하더라도 60세 도달 전에 소득이 있는 업무에 종사하게 되면 다시 가입자가 되므로 반환일시금을 즉시 지급받을 수 없다. 또한, 국외이주의 목적이 아닌 취업, 학업 등 기타사유로 외국에 체류하는 경우에도 기간과 상관없이 반환일시금을 지급받을 수 없다.

60세 도달로 반환일시금을 수령한 때에는 국민연금에 재가입할 수 없다. 다만, 60세 도달 시점에서 가입기간이 부족하여 연금으로 지급받을 수 없는 경우에 반환일시금을 지급받지 않고 본인 희망에 의하여 임의계속가입을 신청하면 재가입할 수 있다.

국외이주, 국적상실 등의 사유로 반환일시금을 지급받은 때에는 가입기간이 소멸되므로 다른 연금을 받을 수 없다. 다만, 다시 국민연금가입자가 된 경우에는 일정한 이자를 더하여 반납함으로써 가입기간을 복원할 수 있다.

반환일시금은 만 60세가 된 이후에는 해당 수급연령에 도달하기 전이라도 본인이 희망하면 수급할 수 있다.

6.5.2 급여수준

반환일시금은 가입기간 중 본인이 납부한 연금보험료에 3년 만기 정기예금이자율로 계산한 이자를 더하여 받게 된다. 2022년 3년 만기 정기예금이자율은 1.3% 이다.

반환일시금 = 납부한 연금보험료 + 이자(납부한 연금보험료 × 3년 정기예금이자율)

반환일시금 산정 시 적용하는 이자율은 연금보험료를 낸 날이 속하는 달의 다음 달부터 지급연령도달 등 지급사유발생일이 속하는 달까지의 기간에 대하여 해당 기간의 3년 만기 정기예금 이자율을 적용한다. 정기예금이자율은 매년 그해 1월 1일 현재 은행법에 의하여 설립된 은행 중 전국을 영업구역으로 하는 은행이 적용하는 이자율을 평균하여 적용한다.

이자는 각 월별 연금보험료를 낸 날이 속하는 달의 다음 달부터 60세 도달, 사망, 국외이주, 국적상실 등으로 국민연금 가입자 자격을 상실한 날이 속하는 달까지의 기간에 대하여 해당 기간에 적용되는 3년 만기 정기예금이자율을 곱한 값을 합산한다.

6.5.3 청구방법

1) 청구인

반환일시금 청구는 원칙적으로 급여를 받을 권리가 있는 자(수급권자) 본인이 하여야 하지만, 수급권자가 해외에 체류하고 있어 본인이 직접 국민연금공단 지사를 방문하지 못할 경우에는 국내에 있는 대리인을 선임하여 대리인이 지사를 방문하여 청구하거나, 해외에서 본인이 직접 우편으로 청구할 수 있다.

2) 청구기한

반환일시금은 수급권(받을 수 있는 권리)이 발생한 날로부터 5년 안에 청구하지 않으면 소멸시효가 완성되어 지급받을 수 없다. 5년이 지나면 일시금으로 지급받을 수 있는 권리는 소멸되지만 향후 연금 지급사유가 발생할 때에는 소멸분도 포함하여 연금으로 지급하게 된다. 다만, 2018.1.25 이후 지급연령도달 사유에 따른 반환일시금의 소멸시효는 10년으로 연장된다. 2018.1.25 시행일 당시 지급연령도달 시점부터 5년이 경과하지 않은 자 포함한다.

3) 구비서류

반드시 필요한 서류	해당시 필요한 서류
• 반환일시금 지급청구서 • 신분증 • 수급권자 예금통장 사본	• 사망에 의한 청구 – 사망진단서 등 사망을 증명할 수 있는 서류 – 사망자의 가족관계증명서에 대한 상세증명서(주민등록번호 포함) – 생계유지확인 필요시 관련 서류 • 국외이주 – 해외이주신고 확인서 또는 거주여권 사본 – 출국 전 청구 시: 1개월 이내 출국예정임을 입증할 수 있는 서류(비행기 티켓 등) • 국적상실 – 수급권자의 기본증명서에 대한 상세증명서(주민등록번호 포함) 또는 국적상실 사실증명서 – 사건사실증명원 및 손해배상수령여부 확인 서류

6.5.4 외국인가입자의 반환일시금

1) 수급요건

외국인도 우리 국민과 동일하게 노령연금, 유족연금, 장애연금을 수급할 수 있는 요건을 충족하면 국민연금법상의 연금급여를 지급받을 수 있다.

사회보장협정이나 상호주의가 적용되지 않은 국가의 외국인가입자에게는 본국귀환시 반환일시금을 지급하지 않았으나, E−8(연수취업), E−9(비전문취업), H−2(방문취업)에 해당하는 체류자격으로 국민연금에 가입한 외국인에 대하여는 2007년 5월 11일 이후 반환일시금을 지급하고 있다.

외국인이 본국귀환을 사유로 반환일시금을 청구하는 경우 2007.8.29부터는 출국이 확인된 경우에 한해 반환일시금을 지한다. 다만, 비행기 티켓 등 1개월 이내에 출국예정사실을 증명할 수 있는 서류를 제출하는 경우 출국 전이라도 청구서 접수는 가능하다.

반환일시금은 다음과 같은 경우에 지급된다.

① 그 외국인의 본국법에서 대한민국 국민에게 대한민국 반환일시금제도에 상응하는 급여를 지급하는 경우

② 대한민국과 외국인의 본국 간에 반환일시금 지급에 관한 사회보장협정이 체결된 경우
③ 출입국관리법 시행령의 E-8(연수취업), E-9(비전문취업), H-2(방문취업)에 해당하는 체류자격으로 국민연금에 가입한 경우

2) 급여수준

외국인에 대한 반환일시금도 내국인의 반환일시금과 같이 가입기간 중 본인이 납부한 연금보험료에 대통령령으로 정하는 이자를 더하여 받게 된다.

반환일시금 = 납부한 연금보험료 + 이자(납부한 연금보험료 × 3년 정기예금이자율)

반환일시금 산정 시 적용하는 이자율은 연금보험료를 낸 날이 속하는 달의 다음 달부터 지급사유발생일이 속하는 날까지의 기간에 대하여 해당 기간의 3년 만기 정기예금 이자율을 적용한다.

3) 외국인 반환일시금 공항지급서비스

외국인이 본국귀환 사유로 반환일시금을 청구할 때, 출국일 당일 인천공항에서 반환일시금을 현금(외화)으로 지급받을 수 있는 서비스이다.

본국귀환 사유로 반환일시금을 지급받을 수 있는 외국인으로서 1개월 이내에 인천공항을 통해 본국으로 귀국 예정인 경우 신청이 가능하다. 그리고 퇴직한 회사에서 출국일 전일까지 국민연금공단으로 퇴사신고를 해야만 공항지급 가능하다. 만약, 출국일자가 토요일, 일요일, 공휴일, 공단 창립기념일(9.18.)인 경우는 공항지급이 불가하므로, 국내계좌이체 또는 해외송금 이용이 가능하다. 비행기 출발예정시각이 10:30~24:00 전인 경우 공항지급 가능하다. 달러, 유로화, 엔화, 위안화 등 15개 통화로 지급 가능하며 원화로는 지급 안 된다.

반환일시금 청구 시 공항지급 방식을 선택한다. 공항지급을 받지 못할 경우 및 추가지급을 대비하여 반드시 국내계좌 또는 해외송금계좌도 신고한다.

공항지급 수령방법은 다음과 같다.

① 여권, 외국인등록증, 계좌 증빙사본을 제시하고, 반환일시금 청구서 및 공항지급신청서 제출 후 접수증 수령: 국민연금공단 전국지사 및 상담센터(인천공항상담센터 제외)
② 출국일 당일 국민연금 인천공항상담센터에 접수증, 여권, 비행기티켓 제출 후 반환일시금 지급결정통지서 및 반환일시금지급지시서(은행제출용) 수령(08시 30분~18시 30분까지)
③ 출국심사대를 통과한 후 우리은행 환전소(제1터미널 25번 BOARDING GATE 앞/제2터미널 251번 BOARDING GATE 앞)에 환전영수증, 여권을 제출한 후 환전 된 금액을 수령(21시까지)

6.6 사망일시금

6.6.1 수급요건

사망일시금은 가입자 또는 가입자였던 사람이 사망하였으나, 유족이 없어 유족연금 또는 반환일시금을 지급받을 수 없는 경우 더 넓은 범위의 유족에게 지급하는 장제부조적 · 보상적 성격의 급여이다. 즉, 가입자 또는 가입자였던 사람이 사망하였으나 유족연금 또는 반환일시금을 지급받을 수 있는 유족 범위에 해당하는 자가 없는 경우이다.

지급 순위	유족 범위	세부조건
1순위	배우자	사실혼 배우자 포함
2순위	자녀	25세 미만 또는 장애등급 2급 이상
3순위	부모	배우자의 부모 포함 60세 이상 또는 장애등급 2급 이상
4순위	손자녀	19세 미만 또는 장애등급 2급 이상
5순위	조부모	배우자의 조부모 포함 60세 이상 또는 장애등급 2급 이상
6순위	형제자매	
7순위	4촌이내 방계혈족	사망자에 의하여 생계를 유지하고 있던 4촌 이내의 방계혈족 순위 중 최우선 순위자에게 장제부조적 · 보상적 성격으로 지급

지급되는 일시금은 가입자 또는 가입자였던 자의 반환일시금에 상당한 금액으로 최종 기준소득월액(가입 중 결정된 각각의 기준소득월액 중 마지막 기준소득월액) 또는 가입중의 기준소득월액의 평균액 중 많은 금액의 4배를 초과할 수는 없습니다. 이 때, 기준소득월액은 연도별 재평가율에 따라 사망일시금 수급 전년도의 현재가치로 환산한 금액이다.

6.6.2 청구방법

1) 청구기한

사망일시금은 수급권(받을 수 있는 권리)이 발생한 날로부터 5년 안에 청구하지 않으면 소멸시효가 완성되어 지급받을 수 없다.

2) 구비서류

반드시 필요한 서류	해당시 필요한 서류
• 사망일시금 지급청구서 • 신분증 • 사망자의 폐쇄등록부에 관한 기본증명서 • 사망자의 폐쇄등록부에 관한 가족관계증명서 • 수급권자 예금통장 계좌	• 생계유지확인 필요시 관련 서류 추가 • 수급권자가 손자녀, 조부모, 형제자매, 4촌 이내의 방계혈족인 경우 – 수급권자의 가족관계증명서 등 가족관계 확인서류 추가

2023년도 가입 노령연금 예상연금월액표

평균소득월액(A값)

2,861,091

(단위 : 원/월)

순번	가입기간중 기준 소득월액 평균액(B값)	연금보험료	가 입 기 간						
		(9%)	10년	15년	20년	25년	30년	35년	40년
1	350,000	31,500	163,560	243,840	324,110	350,000	350,000	350,000	350,000
2	400,000	36,000	166,110	247,630	329,160	400,000	400,000	400,000	400,000
3	500,000	45,000	171,200	255,230	339,260	423,280	500,000	500,000	500,000
4	600,000	54,000	176,290	262,820	349,350	435,880	522,400	600,000	600,000
5	700,000	63,000	181,390	270,420	359,440	448,470	537,500	626,520	700,000
6	800,000	72,000	186,480	278,010	369,540	461,060	552,590	644,120	735,650
7	900,000	81,000	191,580	285,600	379,630	473,660	567,680	661,710	755,740
8	1,000,000	90,000	196,670	293,200	389,720	486,250	582,780	679,310	775,830
9	1,100,000	99,000	201,760	300,790	399,820	498,840	597,870	696,900	795,930
10	1,200,000	108,000	206,860	308,380	409,910	511,440	612,970	714,490	816,020
11	1,300,000	117,000	211,950	315,980	420,010	524,030	628,060	732,090	836,110
12	1,400,000	126,000	217,040	323,570	430,100	536,630	643,150	749,680	856,210
13	1,500,000	135,000	222,140	331,170	440,190	549,220	658,250	767,270	876,300
14	1,600,000	144,000	227,230	338,760	450,290	561,810	673,340	784,870	896,400
15	1,700,000	153,000	232,330	346,350	460,380	574,410	688,430	802,460	916,490
16	1,800,000	162,000	237,420	353,950	470,470	587,000	703,530	820,060	936,580
17	1,900,000	171,000	242,510	361,540	480,570	599,590	718,620	837,650	956,680
18	2,000,000	180,000	247,610	369,130	490,660	612,190	733,720	855,240	976,770
19	2,100,000	189,000	252,700	376,730	500,760	624,780	748,810	872,840	996,860
20	2,200,000	198,000	257,790	384,320	510,850	637,380	763,900	890,430	1,016,960
21	2,300,000	207,000	262,890	391,920	520,940	649,970	779,000	908,020	1,037,050
22	2,400,000	216,000	267,980	399,510	531,040	662,560	794,090	925,620	1,057,150
23	2,500,000	225,000	273,080	407,100	541,130	675,160	809,180	943,210	1,077,240
24	2,600,000	234,000	278,170	414,700	551,220	687,750	824,280	960,810	1,097,330
25	2,700,000	243,000	283,260	422,290	561,320	700,340	839,370	978,400	1,117,430
26	2,800,000	252,000	288,360	429,880	571,410	712,940	854,470	995,990	1,137,520
27	2,900,000	261,000	293,450	437,480	581,510	725,530	869,560	1,013,590	1,157,610
28	3,000,000	270,000	298,540	445,070	591,600	738,130	884,650	1,031,180	1,177,710
29	3,100,000	279,000	303,640	452,670	601,690	750,720	899,750	1,048,770	1,197,800
30	3,200,000	288,000	308,730	460,260	611,790	763,310	914,840	1,066,370	1,217,900
31	3,300,000	297,000	313,830	467,850	621,880	775,910	929,930	1,083,960	1,237,990
32	3,400,000	306,000	318,920	475,450	631,970	788,500	945,030	1,101,560	1,258,080
33	3,500,000	315,000	324,010	483,040	642,070	801,090	960,120	1,119,150	1,278,180
34	3,600,000	324,000	329,110	490,630	652,160	813,690	975,220	1,136,740	1,298,270

2023년도 가입 노령연금 예상연금월액표

평균소득월액(A값)

2,861,091

(단위 : 원/월)

순번	가입기간중 기준 소득월액 평균액(B값)	연금보험료 (9%)	가 입 기 간						
			10년	15년	20년	25년	30년	35년	40년
35	3,700,000	333,000	334,200	498,230	662,260	826,280	990,310	1,154,340	1,318,360
36	3,800,000	342,000	339,290	505,820	672,350	838,880	1,005,400	1,171,930	1,338,460
37	3,900,000	351,000	344,390	513,420	682,440	851,470	1,020,500	1,189,520	1,358,550
38	4,000,000	360,000	349,480	521,010	692,540	864,060	1,035,590	1,207,120	1,378,650
39	4,100,000	369,000	354,580	528,600	702,630	876,660	1,050,680	1,224,710	1,398,740
40	4,200,000	378,000	359,670	536,200	712,720	889,250	1,065,780	1,242,310	1,418,830
41	4,300,000	387,000	364,760	543,790	722,820	901,840	1,080,870	1,259,900	1,430,930
42	4,400,000	396,000	369,860	551,380	732,910	914,440	1,095,970	1,277,490	1,459,020
43	4,500,000	405,000	374,950	558,980	743,010	927,030	1,111,060	1,295,090	1,479,110
44	4,600,000	414,000	380,040	566,570	753,100	939,630	1,126,150	1,312,680	1,499,210
45	4,700,000	423,000	385,140	574,170	763,190	952,220	1,141,250	1,330,270	1,519,300
46	4,800,000	432,000	390,230	581,760	773,290	964,810	1,156,340	1,347,870	1,539,400
47	4,900,000	441,000	395,330	589,350	783,380	977,410	1,171,430	1,365,460	1,559,490
48	5,000,000	450,000	400,420	596,950	793,470	990,000	1,186,530	1,383,060	1,579,580
49	5,050,000	454,500	402,970	600,740	798,520	996,300	1,194,080	1,391,850	1,589,630
50	5,100,000	459,000	405,510	604,540	803,570	1,002,590	1,201,620	1,400,650	1,599,680
51	5,200,000	468,000	410,610	612,130	813,660	1,015,190	1,216,720	1,418,240	1,619,770
52	5,300,000	477,000	415,700	619,730	823,760	1,027,780	1,231,810	1,435,840	1,639,860
53	5,400,000	486,000	420,790	627,320	833,850	1,040,380	1,246,900	1,453,430	1,659,960
54	5,500,000	495,000	425,890	634,920	843,940	1,052,970	1,262,000	1,471,020	1,680,050
55	5,530,000	497,700	427,420	637,190	846,970	1,056,750	1,266,530	1,476,300	1,686,080

주)

1. 연금액산정 : {1.29*(A+B)*P17/P+...+1.2*(A+B)*P23/P}(1+0.05n/12).
   "A"- 연금수급전 3년간 전체가입자의 평균소득월액의 평균액,
   "B"- 가입자 개인의 가입기간중 기준소득월액의 평균액, "n"- 20년초과 가입월수, "P"-전체가입월수, "P17~P23":연도별 가입월수
2. 주민등록표상세대를같이하는가족이있을경우배우자연283,380원,자녀/부모1인당연188,870원의부양가족연금액이가산됩니다.
3. 2023년 1월에 최초가입 및 "A"값(2023년도적용2,861,091원)을가정하여산정하였으므로실제와상이할수있습니다.
4. 향후실제연금수급월액은연금수급당시의"A"값및재평가율을적용하므로변동될수있습니다.
5. 연금의월지급액(부양가족연금액포함)은가입자이었던최종5년간의기준소득월액의평균액과가입기간중의기준소득월액의평균액을재평가한금액중에서많은금액을초과하지못합니다.
6. 기준소득월액하한액(350,000원)및상한액(5,530,000원)은2023.7월에변경될수있어실제와상이할수있습니다.
7. 예상연금월액은세전금액으로향후연금수급시세금을공제한금액으로연금수급하므로상이할수있습니다.

돈이 되는 연금 꿀팁

제6장

퇴직연금 꿀팁

1. 퇴직연금 핵심
2. 퇴직 시 절세전략
3. 퇴직금 수령방법
4. 퇴직연금 자산운용
5. 연금수령 시 절세전략

1 퇴직연금 핵심

1.1 퇴직 시 퇴직소득세 절세전략

순 위	절세전략
1순위	• 퇴직 후 6개월 이내 해지 시 비과세가 적용되는 개인연금신탁
2순위	• 개인형IRP 의무이전 대상이 아닌 명예퇴직금
3순위	• 퇴직금을 원천징수 후 급여계좌로 수령하여 필요자금 사용하고 남은 금액은 개인형IRP에 입금하고 퇴직소득세 환급 받음
4순위	• 필요한 자금은 연금수령 개시 신청 시 일부인출제도 활용
5순위	• 2013.3.1 이전 연금계좌 가입자는 연금수령한도 내 인출

1.2 퇴직금 지연지급 시 사용자의 패널티

패널티	세부내용
지연이자 지급	• 퇴직금 지급예정일로부터 14일까지는 10%, 15일 이후부터는 20%
미지급 벌칙	• 3년 이하 징역 또는 3천만원 이하 벌금

1.3 퇴직소득세 환급

① 퇴직금을 급여계좌로 지급받은 날부터 60일 이내에 개인형IRP에 입금
② 입금 비율에 상관없이 입금한 금액 전액에 해당되는 퇴직소득세 환급

1.4. 개인형IRP 추가불입금 세액공제

구 분	연간 총급여 기준		
	55백만원 이하	55백만원 초과	120백만원 초과
개인형IRP 세액공제	900만원		
ISA 해지금액 추가 불입	300만원		–
세액공제 세율	16.5%	13.2%	

1.5 만 55세 이상 개인형IRP 1계좌 의료비연금계좌 지정

① 의료비 인출한도 없고, 소득이 없는 경우에도 인출 가능
② 인출금액 전액 연금소득으로 분류하여 연금소득세 납부

2 퇴직 시 절세전략

2.1 보유 연금상품 절세전략

2.1.1 개인연금신탁

1) 개인연금신탁 개요

개인연금신탁은 개인의 안정적인 노후생활을 위하여 일정기간 동안 적립한 후 신탁원리금을 연금으로 지급받는 상품이다. 1994.6.20에 출시하여 2000.6.30에 신규 수탁이 금지된 상품으로 출시 당시 직장에 다니던 근로자가 보유하고 있는 상품이다. 신규 수탁은 중단되었지만 기존에 가입한 근로자는 추가적립 및 기간연장이 가능하기 때문에 이미 가입하고 있었다면 퇴직 시 해당상품을 보유하고 있을 것이다.

2) 개인연금신탁의 혜택

개인연금신탁은 현재 우리나라에 존재하는 상품 중 가장 혜택이 많은 상품이라 할 수 있다. 첫째, 매 6개월마다 신탁이익을 원금에 가산해 주기 때문에 이자까지 복리로 운용할 수 있는 6개월 복리운용상품이다. 둘째, 매 6개월마다 신탁이익을 원금에 가산할 때 원금손실이 발생한 경우에는 원금손실을 보전해 준다. 대부분의 원본보전 상품이 만기에 원금을 보전해 주는데 반해, 개인연금신탁은 손실발생시 6개월마다 원본을 보전해 주기 때문에 가장 안정적인 상품이라 할 수 있다. 셋째, 연간 적립액의 40% 범위에서 최고 72만원까지 소득공제를 받을 수 있다. 넷째, 개인연금신탁은 대부분 채권으로 운용되고 있으며, 장부가상품이기 때문에 증권시장이 변동하더라도 수익이 영향을 받지 않고 안정적으로 달성된다. 다섯째, 만 55세 이후 연금으로 수령할 경우에는 완전 비과세 혜택을 받는다. 현존하는 상품 중 연금수령 시 완전 비과세 상품은 개인연금신탁 밖에 없다.

개인연금신탁의 혜택

① 6개월(6월, 12월) 마다 신탁이익을 원금에 가산하여 복리운용 가능
② 적립원금의 범위 내에서 매 6개월마다 원본보전, 예금자보호 대상
③ 연간 적립액의 40% 범위에서 최고 72만원까지 소득공제
④ 장부가상품이기 때문에 증권시장 변동에 영향을 받지 않음
⑤ 만 55세 이후 연금으로 수령 시 완전 비과세

3) 연금수령 요건

개인연금신탁은 연금수령 요건을 갖추어야만 비과세 혜택을 받을 수 있다. 즉, 수익자의 연령이 만 55세 이상이 되어야 하며, 10년 이상 적립하고 적립누계액이 120만원 이상이어야 한다. 그리고 5년 이상 연금으로 수령해야만 비과세 혜택을 받는다. 만약, 연금으로 수령하다가 5년 이내에 계좌를 해지할 경우에는 비과세 혜택을 받을 수 없다.

연금수령 요건

① 수익자의 연령이 만 55세 이상
② 10년 이상 적립하고 적립누계액이 120만원 이상
③ 5년 이상 연금으로 수령

4) 특별중도해지 혜택

개인연금신탁이 특별중도해지 사유에 해당되어 중도 해지할 경우에는 중도해지 수수료를 면제받고, 이자소득세 징수 면제 및 소득공제분에 대한 추징세액 면제 등의 혜택이 있다. 다만, 특별중도해지 사유가 발생한 후 6개월 이내에 중도해지를 해야만 비과세 혜택을 받을 수 있다. 6개월이 경과한 이후에 중도해지를 할 경우에는 비과세 혜택을 받을 수 없으니 유의하여야 한다.

특별중도해지 사유

① 위탁자의 사망, 해외이주
② 천재지변
③ 위탁자가 퇴직한 경우
④ 사업장의 폐업
⑤ 위탁자가 3개월 이상 장기간의 입원치료, 요양을 요하는 경우
⑥ 저축기관의 영업정지, 영업인가•허가의 취소, 해산결의 또는 파산 선고

5) 퇴직 시 개인연금신탁 활용방법

근로자는 퇴직 후 6개월 이내에 개인연금신탁을 해지할 경우에는 비과세 혜택을 받을 수 있다. 따라서 퇴직 시 개인연금신탁을 활용할 경우 퇴직소득세를 절감할 수 있다.

개인연금신탁은 퇴직 후 6개월 이내 해지 시 비과세

근로자는 퇴직을 하게 되면 일정부분 목돈이 필요하게 된다. 예를 들면, 직장생활을 하는 동안 사용하던 직장인의 마이너스 통장을 해지해야 하며, 이자비용을 줄이기 위해 신용대출 및 담보대출을 상환해야 한다.

이러한 목돈을 퇴직금으로 활용할 경우에는 높은 퇴직소득세를 납부해야 한다. 따라서 퇴직금은 모두 개인형IRP로 수령하여 퇴직소득세를 과세이연 받은 후 비과세인 개인연금신탁을 해지해서 활용하면 된다.

① 퇴직금은 모두 개인형IRP로 수령하여 높은 퇴직소득세 절감
② 퇴직 후 6개월 이내 비과세로 개인연금신탁을 해지하여 대출상환 등에 활용

2.1.2. 연금저축

1) 연금저축 개요

연금저축은 은행에서 판매하는 연금저축신탁과 증권회사에서 판매하는 연금저축펀드, 보험회사에서 판매하는 연금저축보험이 있다. 은행의 연금저축신탁은 다시 채권형과 안정형으로 구분되며, 채권형은 채권 80% 이상으로 운용되고, 안정형은 주식을 10% 이내에서 편입하여 운용할 수 있다. 은행의 연금저축신탁은 2018.1.1 이후 판매가 중지되었으며, 현재는 연금저축펀드와 연금저축보험을 전 금융기관이 함께 판매하고 있다.

금융권별 연금저축상품 비교

구 분	연금저축신탁	연금저축펀드	연금저축보험
납입방식	연간 1,800만원 한도 자유적립식		10년 이상 정기납입
적용금리	실적배당		공시이율
원금보장	적립원금 보장	비보장	사업비 차감 후 보장
예금자보호	보호	비보호	보호
상품종류	채권형, 안정형	채권형, 채권혼합형, 주식혼합형, 주식형	금리연동형 (매월 공시이율)
판매여부	2018.1.1. 이후 판매중지	은행, 증권회사, 보험회사에서 현재 판매 중	

2) 연금저축 혜택

연금저축은 3가지의 혜택이 있다.

① 연간 최고 600만원 한도 세액공제
② 적립원금의 범위 내에서 원본보전(연금저축펀드는 제외)
③ 수익권담보대출 활용(해지가능금액에서 채권형은 90% 이내, 안정형은 80% 이내)
④ 예금자보호(연금저축펀드는 제외)

연금저축은 연간 1,800만원 한도(개인형IRP 합산) 내에서 자유롭게 불입할 수 있으며, 불입금액의 최고 600만원까지 세액공제 혜택을 받을 수 있다.

구 분	연간 총급여 기준	
	55백만원 이하	55백만원 초과
세액공제 한도	600만원	
세액공제 세율	16.5%	13.2%
세액공제 최고 금액	990,000원	792,000원

또한, 은행의 연금저축신탁은 적립원금의 범위내에서 원본보전을 하며, 보험회사의 연금저축보험은 적립원금에서 사업비를 차감한 후 금액에 대하여 원본보전을 한다. 증권회사 연금저축펀드는 실적배당 상품으로 원본보전이 되지 않으니 유의하여야 한다.

연금저축은 단기간에 일시적으로 자금이 필요한 경우에 언제든지 수익권담보대출을 활용할 수 있다는 장점이 있다. 은행의 채권형은 해지가능금액의 90% 이내, 안정형은 80% 이내에서 언제든지 수익권담보대출을 받을 수 있고, 자금이 생겼을 때는 언제든지 상환할 수 있어 자금사용 기간에 대해서만 이자를 내면 된다. 그리고 연금저축신탁과 연금저축보험은 예금자보호가 되나, 연금저축펀드는 예금자보호가 되지 않는다.

3) 연금수령 요건

연금저축에서 연금을 수령하기 위해서는 수익자가 만 55세 이상이어야 하며, 5년 이상 적립하고, 연금수령한도 내에서 인출해야 연금소득으로 인정받아 연금소득세를 납부한다.

연금수령 요건

① 수익자 연령이 만 55세 이상
② 5년 이상 적립
③ 연금수령한도 내에서 인출

4) 연금저축 중도해지 시 패널티

연금저축을 중도해지 할 경우에는 세액공제 받은 금액과 운용수익에 대하여 16.5%에 해당하는 높은 기타소득세 납부해야 한다. 연간 총급여가 55백만원 이하인 근로자는 세액공제 받은 16.5%를 그대로 물어내면 되나, 연간 총급여가 55백만원 초과되는 근로자는 세액공제는 13.2%를 받았으나 기타소득세는 16.5%를 물어내야 하므로 △3.3% 손해를 보게 된다. 따라서 연간 총급여가 55백만원 초과되는 근로자는 세액공제를 받은 경우 연금으로 수령해야만 손해를 보지 않는다.

중도해지 손실 △3.3% = 세액공제 13.2% − 환급 16.5%(기타소득세)

5) 개인형IRP로 계좌이체 후 연금수령

퇴직 후 연금저축을 해지할 경우에는 세액공제 받은 금액과 운용수익에 대하여 높은 기타소득세를 납부해야 하기 때문에 중도해지를 하면 손해를 보게 된다. 따라서 중도해지를 하지 말고, 만 55세가 되어 연금수령 요건을 충족한 경우에는 개인형IRP로 계좌이체 한 후 개인형IRP 적립금과 합쳐서 함께 연금으로 수령하는 것이 유리하다.

만 55세 이후 연금수령 요건을 충족한 경우 개인형IRP로 계좌이체 한 후 연금수령

가입자가 만 55세가 되고 연금수령 요건을 충족한 경우에는 연금저축계좌와 개인형IRP 간에 계좌이체가 가능하다. 연금저축보다는 개인형IRP의 혜택이 더 많기 때문에 연금저축을 개인형IRP로 계좌이체 하는 것이 더 유리하다.

2.2 퇴직 시 절세전략

2.2.1 퇴직 시 유의사항

1) 퇴직 시 목돈 필요

근로자가 직장생활을 하다가 퇴직할 경우에는 다양한 용도로 목돈이 필요하다. 예를 들면 직장생활 동안 사용하던 마이너스 통장을 상환해야 하고, 이자비용을 줄이기 위해 주택담보대출이나 신용대출 등을 상환해야 한다.

2) 퇴직금을 개인형IRP로 전액 이전 시 문제점

퇴직 시 회사에서 퇴직금을 개인형IRP로 전액 이전한 경우에는 목돈을 사용하기 위해서 개인형IRP를 해지해야 하는데, 개인형IRP는 전액을 해지하는 방법 밖에

없다. 그리고 개인형IRP를 전액해지 하는 경우에는 과세이연 한 높은 퇴직소득세를 일시에 납부하고 잔액만 수령해야 한다. 이후 사용하고 남은 자금은 다시 개인형IRP에 입금할 수 없기 때문에 더 이상 퇴직소득세를 환급 받거나, 연금으로 수령할 수 없다.

이러한 경우 사용하고 남은 자금에 대하여 납부할 필요가 없는 퇴직소득세를 납부하게 되고, 개인형IRP를 다시 회복할 수 없기 때문에 남은 자금은 목돈으로 보유하다가 소진할 가능성이 높아지게 된다. 따라서 퇴직금 중 일부만 목돈으로 사용하고 일부는 연금으로 수령하고자 할 경우에는 퇴직금을 수령하기 전부터 절세전략을 잘 수립해야 한다.

2.2.2 퇴직 시 퇴직소득세 절세전략

퇴직 후 퇴직금을 수령할 경우 퇴직소득세가 본인이 생각했던 것보다 더 많이 원천징수 되었다고 생각할 수 있다. 특히, 퇴직 후에 수입이 없다면 퇴직소득세는 매우 아껴야 할 자금이다. 따라서 퇴직 시 가장 좋은 절세전략은 최대한 퇴직소득세를 줄이는 것이다.

그런데 퇴직 시에는 목돈이 필요한 경우가 많기 때문에 퇴직소득세를 최소한으로 납부하면서 필요한 목돈을 어떻게 마련하는가 하는 것이 가장 중요하다. 만약, 퇴직금을 활용하지 않더라도 필요한 목돈을 전액 해결할 만큼 자금을 보유하고 있다면 퇴직금은 전액 개인형IRP로 의무이전 받아서 연금으로 수령하면 된다. 하지만, 보유하고 있는 자금이 목돈을 전액 해결하기에는 부족해서 일부 퇴직금을 활용해야 한다면 퇴직소득세를 최소화하는 절세전략이 필요하다.

퇴직소득세를 절세하기 위해서 활용할 수 있는 절세전략의 순서는 다음과 같다.

순 위	절세전략
1순위	• 퇴직 후 6개월 이내 해지 시 비과세가 적용되는 개인연금신탁
2순위	• 개인형IRP 의무이전 대상이 아닌 명예퇴직금
3순위	• 퇴직금을 원천징수 후 급여계좌로 수령하여 필요자금 사용하고 남은 금액은 개인형IRP에 입금하고 퇴직소득세 환급 받음
4순위	• 필요한 자금은 연금수령 개시 신청 시 일부인출제도 활용
5순위	• 2013.3.1 이전 연금계좌 가입자는 연금수령한도 내 인출

1) 비과세 개인연금신탁

개인연금신탁 해지 자금으로 필요한 목돈을 해결하기에 충분하다면, 퇴직 후 6개월 이내에 개인연금신탁을 비과세로 해지한 후 해당 자금으로 목돈을 해결하면 된다. 그리고 퇴직금은 전액 개인형IRP로 의무이전 한 후 연금으로 수령할 경우에는 퇴직소득세를 납부하지 않고 과세이연 할 수 있다.

개인연금신탁 비과세를 활용하고 퇴직금은 전액 개인형IRP 입금하여 퇴직소득세 절감

개인연금신탁은 연금으로 수령할 경우 비과세 혜택을 적용 받는 상품이다. 따라서 꼭 필요한 경우가 아니라면 해지할 경우 세제상 손해를 보게 된다. 만약, 필요한 목돈이 소액인 경우에는 개인연금신탁을 해지하면 세제상 손실이 더 클 수 있으므로 퇴직소득세를 납부하게 되더라도 퇴직금을 일부 활용하는 것이 유리할 수 있다.

2) 개인형IRP 의무이전 대상이 아닌 명예퇴직금

퇴직금은 법정퇴직금과 명예퇴직금 등으로 구분된다. 법정퇴직금은 개인형IRP 의무이전 대상이지만, 법정퇴직금을 제외한 명예퇴직금 등은 개인형IRP 의무이전 대상이 아니다. 따라서 퇴직 시 본인이 사용자에게 요청하면 명예퇴직금은 퇴직소득세를 원천징수하고 급여계좌로 수령할 수 있다.

명예퇴직금 만 급여계좌로 입금 받아 활용함으로써 퇴직소득세 최소화

특히, 퇴직한 근로자가 만 55세 미만이라면 법정퇴직금은 당연히 개인형IRP 의무이전 되기 때문에 명예퇴직금만 별도로 급여통장으로 지급해 줄 것을 회사에 요청하면 된다.

급여통장으로 수령한 명예퇴직금 중 사용하고 남은 자금은 수령일로부터 60일 이내에 다시 개인형IRP에 입금하면 입금 자금에 해당하는 퇴직소득세를 환급 받는다.

3) 퇴직금 전액 급여계좌 수령 후 개인형IRP 입금

퇴직금 수령 시점에 이미 만 55세 이상이라면 회사에 요청하여 퇴직금을 전액 급여계좌로 입금 받을 수 있다. 급여계좌로 받은 퇴직금은 필요한 금액만큼 사용하고 남은 금액은 수령일로부터 60일 이내에 다시 개인형IRP에 입금하면 입금 금액에 대하여 퇴직소득세를 환급 받는다. 퇴직소득세 환급금액은 개인형IRP로 직접 입금해 주기 때문에 별도 자금으로 사용할 수는 없다. 다만, 퇴직전에 미리 개인형IRP를 개설해 놓아야 사용하고 남은 금액을 개인형IRP에 입금할 수 있다. 개인형IRP는 '0'원 계좌도 개설할 수 있다.

4) 필요한 자금은 일부인출제도 활용

퇴직 시 퇴직금을 전액 개인형IRP로 수령한 경우에는 일부인출제도를 활용할 수 있다.

연금수령 개시 신청 시 필요한 자금을 일부인출하여 활용

일부인출제도는 개인형IRP에서 연금수령 개시 신청을 할 경우 필요한 자금을 일부인출 한 후 나머지 금액만 연금으로 수령할 수 있는 제도를 말한다. 일부인출제도는 내가 꼭 필요한 자금만 인출할 수 있다는 장점이 있다.

일부인출 금액에 대한 별도의 한도 제한은 없으며, 일부인출 금액에 대하여는 과세이연 해 온 퇴직소득세를 납부하면 된다. 그리고 필요자금을 일부인출 할 경우에는 퇴직소득세를 차감한 후의 잔액으로 수령한다는 점을 감안해서 인출을 하여야 한다.

5) 연금수령한도 내 인출

연금수령한도 내에서 인출할 경우에는 연금소득으로 인정받아 낮은 연금소득세를 납부하면 되기 때문에 절세효과가 가장 크다. 퇴직금에 대하여 연금소득세를 적용 받을 경우에는 퇴직소득세 30%를 절감할 수 있고, 세액공제 받은 금액 및 운용수익은 최소 11% 이상 절감을 할 수 있다.

소득원천	일시금 인출	연금수령한도내 인출	세금절감
퇴직소득	퇴직소득세	퇴직소득세율 × 70%	퇴직소득세 △30%
세액공제 받은 금액 및 운용수익	기타소득세 (16.5%)	연금소득세 (3.3% ~ 5.5%)	△11% ~ △13.2%

2013.3.1 이전에 연금계좌에 가입한 경우에는 기산연차를 6년차로 적용 받는다. 따라서 5년간만 연금을 수령하면 그 이후부터는 인출금액 전액 연금소득으로 인정받는다. 그리고 기산연차를 6년차로 적용 받을 경우에는 1차년도에 수령할 수 있는 연금수령한도가 높기 때문에 필요한 자금을 연금수령한도 내에서 세제혜택을 누리면서 인출할 수 있다.

예를 들어 퇴직금 100백만원을 2012.6.1일에 가입한 개인형IRP로 수령하고, 연금수령 요건을 갖추어 연금수령 개시를 할 경우 1차년도 연금수령한도는 다음과 같다.

1차년도 연금수령한도 24백만원 = [100백만원 ÷ (11 – 6년차)] × 120%

1차년도 개인형IRP 연금수령한도가 24백만원 이므로 24백만원까지 인출하더라도 연금소득으로 인정받아 낮은 연금소득세를 납부할 수 있다. 따라서 퇴직 후 목돈으로 필요한 자금이 퇴직금의 24% 이내라면 연금수령한도 내에서 인출하고 연금소득세를 납부하면 절세효과를 볼 수 있다. 만약, 1차년도 금액으로 부족할 경우에는 2차년도에 다시 22.8백만원을 연금수령한도 내에서 인출할 수 있기 때문에 100백만원 중 2년간 연금소득으로 인정받으면서 인출할 수 있는 금액은 46.8백만원으로 약 50%에 해당된다. 따라서 연금수령한도를 활용하는 것이 가장 절세효과가 크다.

3 퇴직금 수령방법

3.1 퇴직급여제도

3.1.1 퇴직급여제도 분류

퇴직급여제도는 퇴직금제도와 퇴직연금제도로 분류할 수 있으며, 퇴직연금제도는 퇴직연금규약에서 정하는 제도 운영방법에 따라 확정급여형(DB: Defined Benefit) 퇴직연금제도와 확정기여형(DC: Defined Contribution) 퇴직연금제도, 개인형퇴직연금제도(IRP: Individual Retirement Pension)으로 분류한다.

퇴직급여제도 분류

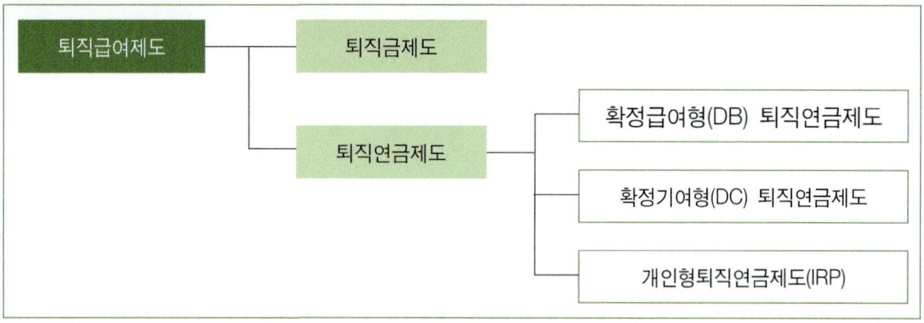

3.1.2 확정급여제도

퇴직금제도와 확정급여형(DB)은 근로자가 퇴직 시 받을 퇴직급여가 사전에 확정되어 있는 제도로서 확정급여제도라고 한다. 다만, 퇴직금제도는 근로자에게 퇴직급여를 지급하기 위한 기금을 기업 내부에 보유하고 있고, 확정급여형(DB)은 사용자와 구분하여 기업 외부의 퇴직연금사업자에게 퇴직연금으로 예치하도록 의무화하고 있다. 사외에 예치된 퇴직연금은 기업이 직접 관리하고 운용해야 한다.

사외에 예치된 퇴직연금은 일정 요건을 갖추지 못할 경우 기업에게는 돌려줄 수 없고, 근로자에게만 퇴직급여로 지급할 수 있기 때문에 근로자 입장에서는 확정급여형(DB)이 퇴직금제도보다 퇴직급여 수급권을 더 보장받을 수 있다.

3.1.3 확정기여형(DC) 퇴직연금제도

확정기여형(DC)은 기업이 사외의 퇴직연금사업자에게 근로자의 퇴직연금계좌를 설정하고 매년 1회 이상 고정된 기여금을 납부해 주는 제도이다. 즉, 매년 납부하는 기여금이 확정되었다고 하여 확정기여형(DC) 퇴직연금제도라고 한다.

사용자는 매년 1회 이상 확정된 기여금을 근로자의 퇴직연금계좌에 납부해 주면 근로자의 퇴직급여에 관한 법적의무나 의제의무가 모두 종료된다. 근로자는 퇴직 시 퇴직연금계좌에 적립된 자산(기여금과 운용수익)을 퇴직급여로 수령하면 된다.

확정급여형(DB)과 확정기여형(DC)

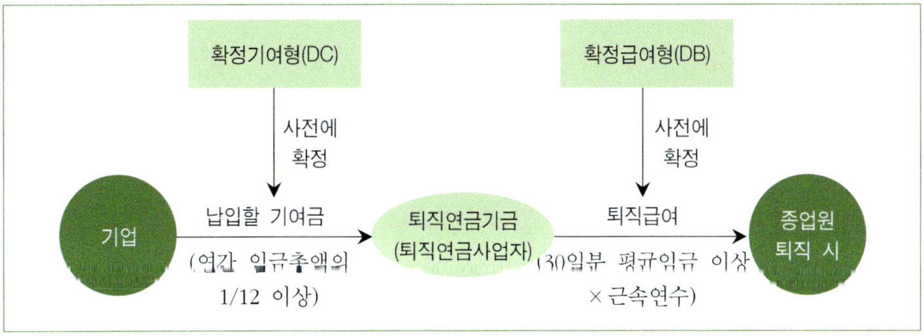

3.2 사용자의 퇴직금 지급

3.2.1 퇴직금 지급 방법

1) 개인형IRP로 지급

근로자 퇴직 시 다음과 같은 사유가 있을 경우 사용자는 퇴직금에서 원천징수하지 않고 퇴직소득세를 과세이연 한 후 전액 개인형IRP로 지급해야 한다.

① 퇴직 근로자가 개인형IRP 의무이전 사유에 해당되는 경우
② 퇴직 근로자가 개인형IRP로 전액 이전해 줄 것을 요청하는 경우

사용자는 근로자의 퇴직이 확정될 경우 퇴직일로부터 14일 이내에 퇴직 근로자에게 퇴직금을 지급하여야 한다. 퇴직금제도나 퇴직연금제도를 도입하고 있는 사용자는 근로자 퇴직 시 개인형IRP 의무이전 사유에 해당될 경우에는 법정퇴직금을 근로자의 개인형IRP로 전액 의무이전 해야 한다. 개인형IRP 의무이전 사유는 다음과 같다.

개인형IRP 의무이전 사유

가입자가 만 55세 이전에 퇴직하여 법정퇴직금을 300만원 초과하여 받는 경우

개인형IRP로 전액 의무이전 할 경우에는 퇴직소득세를 원천징수 하지 않고 최종 수령시점까지 과세이연하며, 퇴직금 전액을 퇴직 근로자의 개인형IRP에 입금한

다. 개인형IRP 의무이전 사유에 해당되지 않더라도 근로자가 개인형IRP로 전액 이전해 줄 것을 요청할 경우에는 사용자는 근로자로부터 개인형IRP 통상 사본을 받아서 해당 계좌로 퇴직소득세 과세이연 후 전액 입금해 주어야 한다.

2) 급여계좌로 지급

근로자 퇴직 시 개인형IRP 의무이전 사유에 해당되지 않고, 근로자가 급여계좌(유동성계좌)로 지급을 요청할 경우 사용자는 퇴직소득세를 원천징수 한 후 잔액만 근로자의 급여계좌로 입금하면 된다.

3) 개인형IRP와 급여계좌 분할 지급

근로자 퇴직 시 만 55세가 되지 않아서 개인형IRP 의무이전 사유에 해당되거나, 해당되지 않더라도 근로자가 요청할 경우 사용자는 분할하여 지급한다. 즉, 근로자가 개인형IRP 통장 사본을 제출하고 법정퇴직금은 개인형IRP로 이전하고, 명예퇴직금 등은 원천징수 후 급여계좌로 입금해 줄 것을 요청하면 사용자는 각각 분할하여 지급한다.

3.2.2 지연지급 시 유의사항

1) 지연지급 시 패널티

사용자는 근로자 퇴직일로부터 14일 이내에 퇴직금을 지급하여야 한다. 만약, 사용자가 퇴직일로부터 14일 이내에 퇴직금을 지급하지 않을 경우 사용자는 이후 지급 시에 지연된 기간에 대하여 지연이자를 산정하여 함께 지급하여야 한다. 그리고 사용자가 퇴직금을 지급하지 않은 경우에는 다음과 같은 벌칙과 과태료가 부과된다.

지연이자 지급과 벌칙 내용

패널티	세부내용
지연이자 지급	◦ 퇴직금 지급예정일로부터 14일까지는 10%, 15일 이후부터는 20%
미지급 벌칙	◦ 3년 이하 징역 또는 3천만원 이하 벌금

2) 부득이한 지연지급 시 처리방법

사용자는 근로자가 퇴직한다고 해서 반드시 퇴직일로부터 14일 이내에 퇴직금을 지급해야 하는 것은 아니다. 또한, 일시에 전액을 지급해야 하는 것도 아니다. 만약, 부득이한 사유가 있어 지연 지급하기로 근로자와 합의를 할 경우에는 근로자와 합의한 개별 계약이 우선 적용된다. 따라서 근로자가 퇴직하기 전에 회사의 어려운 상황을 설명하고 향후 근로자와 퇴직금 지급조건에 대한 합의계약서를 작성하는 것이 중요하다.

예를 들어 근로자가 2023.1.1일 퇴직하는데, 부득이한 사유가 해소되는 시점인 2023.3.31일 퇴직금을 전액 지급하기로 합의계약서를 작성하거나, 퇴직금이 너무 많아서 한번에 지급할 수 없을 경우에는 2023.3.31일 30% 지급, 2023.4.30일 30% 지급, 2023.5.31일 40% 지급과 같이 나누어서 지급하기로 합의계약서를 작성할 수 있다. 그렇게 할 경우 해당 기일까지는 지연이자를 지급하지 않아도 된다.

부득이한 지연지급 사유

구 분	세부내용
퇴직금제도	• 회사이 자금사정이 어려워 퇴직금을 지급하기 어려운 경우
퇴직연금제도	• 회사의 자금사정이 어려워 사내적립분을 지급하기 어려운 경우 • 퇴직연금 운용자산에 중도환매가 금지된 사모펀드가 포함되어 있거나, 환매기간이 긴 해외펀드, 주식형펀드가 포함된 경우 해당 운용자산의 환매기일까지의 기간

부득이한 사유가 있어 퇴직금을 지급할 수 없을 경우에는 근로자가 퇴직하기 전에 합의계약서를 작성하는 것이 중요하다. 만약, 합의계약서 작성 없이 근로자가 퇴직할 경우에는 이후에 합의계약서를 작성하는 것이 더욱 어려울 뿐만 아니라 지연지급에 따른 패널티(지연이자와 벌칙)를 사용자가 모두 부담해야 하기 때문이다.

그리고 합의계약서는 향후 퇴직금채무 미지급에 따른 법적 소송까지 대비해야 하기 때문에 필요시에는 공증을 받아두는 것이 필요하다. 이렇게 준비할 경우에는 연장된 기일까지 퇴직금 지급의무에서 벗어날 수 있다.

3.3 근로자의 퇴직금 수령

3.3.1 개인형IRP로 퇴직금 수령

1) 개인형IRP 통장 사본 제출

근로자의 퇴직이 확정될 경우 사용자는 근로자에게 퇴직금을 수령할 개인형IRP 통장 사본을 제출하도록 한다. 근로자는 본인이 퇴직금을 수령하여 운용하고자 하는 금융기관을 선택한 후 해당 금융기관에서 개인형IRP를 개설한다. 그리고 사본을 사용자에게 제출한다.

2) 개인형IRP로 이전 요청

근로자 퇴직 시 개인형IRP 의무이전 사유에 해당되거나, 본인이 개인형IRP로 퇴직금 전액을 이전해 줄 것을 요청한 경우 사용자는 근로자의 개인형IRP로 퇴직금을 이전해 준다. 퇴직 시 개인형IRP로 퇴직금을 전액 이전할 경우에는 퇴직소득세를 최종 수령시점까지 과세이연 하기 때문에 원천징수 없이 퇴직금 전액을 개인형IRP에 이전해 준다.

3.3.2 급여계좌로 퇴직금 수령

1) 급여계좌 퇴직금 수령 요건

근로자 퇴직 시 퇴직금은 개인형IRP로 이전하는 것이 원칙이다. 하지만, 근로자 본인이 다음 2가지 요건을 충족한 경우에는 급여계좌로 지급할 수 있다.

① 퇴직 근로자가 개인형IRP 의무이전 예외 사유에 해당되는 경우
② 퇴직 근로자가 급여계좌로 전액 지급해 줄 것을 요청하는 경우

급여계좌로 퇴직금을 수령하기 위해서는 우선 개인형IRP 의무이전 예외사유에 해당되어야 한다.

개인형IRP 의무이전 예외사유

① 가입자가 만 55세 이후에 퇴직하여 퇴직급여를 받는 경우
② 가입자가 퇴직급여를 담보로 받은 대출을 상환하기 위한 경우 그 금액 이내
③ 퇴직급여액이 300만원 이하인 경우
④ 사망으로 인한 당연 퇴직의 경우
⑤ 한시적 체류자격 외국인 근로자가 퇴직과 동시에 해외 출국
⑤ 다른 법률에서 급여의 일부 또는 전부를 공제하도록 한 경우

그리고 본인이 급여계좌로 전액 지급해 줄 것을 사용자에게 요청해야 한다. 요청을 받은 사용자는 퇴직소득세를 원천징수 한 후 잔액만 급여계좌로 입금해 준다.

퇴직금을 급여계좌로 수령할 경우에는 높은 퇴직소득세를 즉시 납부하여야 한다. 최근에는 퇴직소득세율이 높아져서 생각했던 것 보다 더 많은 퇴직소득세가 원천징수 된다. 따라서 퇴직금을 당장 사용할 계획이 없다면 급여계좌로 수령한 후 사용하고 남은 금액은 수령일로부터 60일 이내에 개인형IRP에 다시 입금한 후 퇴직소득세를 환급받는 것이 유리하다.

2) 퇴직소득세 환급 신청

급여계좌로 퇴직금을 수령하면서 원천징수한 퇴직소득세를 다시 돌려받는 것을 환급이라고 한다. 퇴직소득세를 환급 받기 위해서는 퇴직금을 지급받은 날부터 60일 이내에 개인형IRP에 입금해야 한다. 그럴 경우 입금 비율과 상관없이 입금한 금액 전액에 대하여 퇴직소득세를 환급해 준다.

① 퇴직금을 급여계좌로 지급받은 날부터 60일 이내에 개인형IRP에 입금
② 입금 비율에 상관없이 입금한 금액 전액 퇴직소득세 환급

예를 들어 퇴직금 100백만원을 수령하면서 퇴직소득세를 15백만원 납부하였는데, 이후 수령한 퇴직금 중 20백만원은 사용하고, 80백만원만 수령 후 60일 이내에 개인형IRP에 입금한 경우 환급 받을 퇴직소득세는 12백만원이다.

12백만원 = (80백만원 ÷ 100백만원) × 15백만원

퇴직소득세를 환급 받기 위해서는 개인형IRP가 있어야 한다. 하지만, 개인형IRP는 무직인 경우에는 개설할 수 없다. 따라서 퇴직 후에 별도의 직장이 없고, 보유하고 있는 개인형IRP가 없다면, 향후 활용할 가능성에 대비해 퇴직 시에 개인형IRP '0'원 계좌를 미리 개설해 놓을 필요가 있다.

3) 퇴직소득세 환급 절차

급여계좌로 수령한 퇴직금을 개인형IRP에 입금한 후 퇴직소득세를 환급 신청하고자 할 경우에는 개인형IRP를 개설한 금융기관을 방문하여 '과세이연계좌신고서'를 작성하여 제출하면 된다.

퇴직소득세 환급 절차

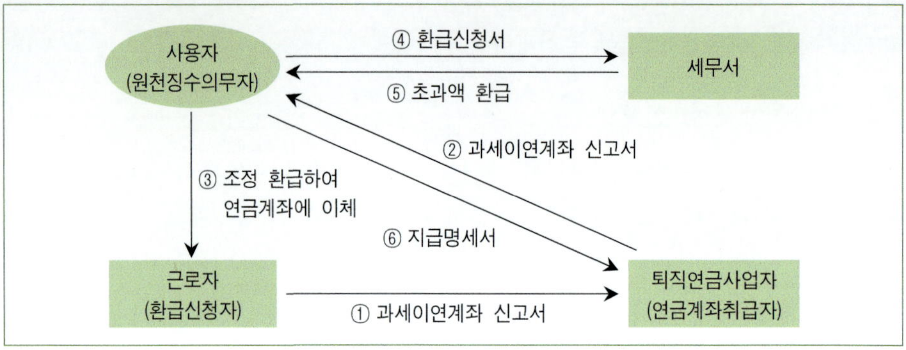

퇴직연금사업자는 제출 받은 '과세이연계좌신고서'를 원천징수의무자에게 제출하고, 원천징수의무자는 환급할 세액을 계산하여 '과세이연계좌신고서'에 적혀 있는 개인형IRP로 입금해 준다.

4 퇴직연금 자산운용

4.1 퇴직연금사업자 선택기준

4.1.1 퇴직연금 거래 환경

1) 퇴직연금 자산운용 주체

퇴직연금 자산운용 주체는 확정급여형(DB)은 사용자이고, 확정기여형(DC)과 개인형IRP는 근로자이다. 따라서 사용자는 회사에서 불입한 퇴직연금 적립금을 직접 운용해야 하고, 근로자는 사용자가 불입해 준 적립금과 본인이 추가로 불입한 적립금을 직접 운용해서 초과수익을 달성해야만 기회비용이 발생하지 않는다.

하지만, 사용자나 근로자는 전문적으로 퇴직연금 자산을 운용하는 전문가가 아니고, 퇴직연금 자산만 전담해서 운용하지 않는다. 그리고 업무 중에는 퇴직연금 자산운용을 하기 어렵다. 따라서 쉬는 시간을 이용해서 빠른 시간 내에 시스템에 접근해서 퇴직연금 적립금을 운용할 수밖에 없다. 그럴 경우 사용자나 근로자 입장에서는 퇴직연금사업자의 퇴직연금시스템 수준은 매우 중요하다.

2) 퇴직연금사업자 변경 시 패널티

퇴직연금은 정기예금과 펀드 등 다양한 운용자산으로 운용을 하게 된다. 만약, 거래를 하다 퇴직연금사업자를 변경하게 되면, 운용하던 모든 운용자산을 중도해지하여 현금화한 후 현금으로 계약이전을 해야 한다. 따라서 기존에 운용하고 있던 정기예금은 중도해지로 인해 중도해지이율을 적용 받기 때문에 금리 손실을 보게 되는 패널티를 부담한다.

특히, 정기예금은 사용자가 매월 또는 매년 부담금을 불입할 때마다 불입시점별로 1계좌씩 발생하기 때문에 만기가 일치하지 않아 어느 시점에 해지를 하더라도 중도해지가 발생한다. 그리고 펀드의 경우에는 해지기간도 장기간 소요되지만, 해지를 한 후 변경한 금융기관에서 다시 매수를 해야 하기 때문에 증권시장 변동에 따른 시장리스크를 부담해야 한다.

이러한 다양한 리스크 때문에 퇴직연금은 한번 신규를 하면 거래하던 퇴직연금사업자를 다시 변경하기가 어렵다. 따라서 처음부터 신중하게 거래 편리성 등 조건을 따져서 퇴직연금사업자를 선택해야 한다.

3) 퇴직연금사업자의 퇴직연금시스템

퇴직연금 업무는 금융기관의 일반 업무와는 달리 별도로 구축된 퇴직연금시스템을 통해 거래를 하도록 하고 있다. 특히, 퇴직연금 업무는 대부분 영업점을 방문하여 업무처리를 하기 보다는 사용자나 근로자가 직접 모바일로 거래하도록 되어 있기 때문에 거래하고 있는 퇴직연금사업자의 퇴직연금시스템 기능은 매우 중요하다.

퇴직연금시스템은 퇴직연금사업자별로 각각 구축하여 운용하고 있기 때문에 퇴직연금사업자별로 전산시스템의 기능과 화면 구성이 다양하다. 어떠한 금융기관은 화면에서 메뉴를 찾기 어렵게 되어있고, 어떠한 금융기관은 거래를 하다가 전산이 자주 다운되는 곳도 있다. 이럴 경우 거래를 하는데 시간이 많이 소요되기 때문에 직장생활을 하는 근로자로서 많은 시간을 내서 거래하기가 어렵다. 따라서 거래를 해야 하는 사용자와 근로자 입장에서 가장 편리한 시스템을 구축하고 있는 퇴직연금사업자를 선택해야 한다.

4.1.2 퇴직연금사업자 선택기준

퇴직연금사업자가 제공하는 정성적인 서비스는 사업자별로 차이가 크지 않다. 따라서 사용자나 근로자 측면에서 이용 편리성을 검토해서 퇴직연금사업자를 선택하는 것이 중요하다.

사용자는 퇴직연금사업자를 선택할 경우 다음의 선택기준을 잘 따져 봐야 한다.

퇴직연금사업자 선택기준

① 퇴직연금수수료가 낮은(또는 면제해 주는) 퇴직연금사업자
② 펀드나 ETF 등을 실시간 매매할 수 있는 퇴직연금사업자
③ 퇴직연금시스템에 접근하기 간편하고 조작하기 쉬운 퇴직연금사업자
④ 사용자나 근로자가 원하는 시점 언제든지 자산운용컨설팅 제공하는 퇴직연금사업자
⑤ 퇴직연금 운용자산이 다양한 퇴직연금사업자

1) 낮은 퇴직연금수수료

퇴직연금수수료가 낮은 퇴직연금사업자를 선택한다. 퇴직연금수수료는 사용자나 근로자가 납부하여야 하며, 퇴직연금사업자별로 차이가 있기 때문에 퇴직연금사업자의 수수료를 비교해 보고 상대적으로 낮은 곳을 선택하는 것이 유리하다. 특히, 목돈을 맡겨 놓고 연금을 수령하고자 하는 개인형IRP의 경우에는 노후기간까지 장기간 운용해야 하기 때문에 퇴직연금수수료를 면제해 주는 퇴직연금사업자를 선택할 필요가 있다.

퇴직연금사업자는 한번 선택하면 변경하기가 어렵고, 운용 성과와 상관없이 인

출되는 퇴직연금수수료는 확정급여형(DB)에서는 장기간 동안 운용수익률을 더욱 저조하게 하는 원인이다. 그리고 퇴직연금 적립금은 시간이 지날수록 계속 쌓여 가기 때문에 현재시점에서는 작은 금액일지라도 퇴직연금을 운영하는 장기간을 따져 보면 무시할 수 없는 큰 금액이 된다.

2) 운용자산 실시간 매매 여부

운용자산을 실시간 매매할 수 있는 퇴직연금시스템을 갖춘 퇴직연금사업자를 선택하는 것이 중요하다. 증권시장은 실시간 변동하기 때문에 운용자산의 체결 시점은 매우 중요하고, 운용수익에 직접적인 영향을 미치는 요인이다. 특히, 퇴직연금은 증권시장 변동에 민감한 펀드나 TDF, ETF 등으로 운용하고 있기 때문이다.

펀드나 TDF, ETF 등을 운용하고자 할 경우에는 당일 시가에 가장 근접하게 매매할 수 있는 퇴직연금사업자를 선택해야 한다. 왜냐하면 근로자는 당일 금리수준이나 증권시장 종가, ETF 가격을 보고 운용상품을 매매하기 때문이다. 하지만, 실제 거래가 다음날 체결된다면 다음날 증권시장 상황에 따라 거래가격이 달라지게 되기 때문이다. 예를 들어 오늘 주식시장이 하락하는 것을 보고 펀드에 가입했는데, 펀드의 가격이 다음날 종가로 체결되었다고 가정해 볼 경우, 다행히 다음날 주식시장이 하락했다면 이익이 되나, 주식시장이 상승했다면 생각했던 가격보다 손해를 보기 때문이다.

운용상품별 매매계약 체결 시점

운용상품	은 행	보 험	증 권
정기예금	신청일 + 1일 금리		
펀 드	신청일 + 1일 종가		14:30 이전 : 당일 종가 14:30 이후 : 익일 종가
ETF	신청 후 20~30분 이내에 체결		시장가격으로 체결

정기예금의 경우에는 모든 금융기관이 자사의 상품을 제시할 수 없기 때문에 타사의 정기예금을 제시하게 되며, 당일 신청을 받아 다음날 제시금리로 운용된다.

펀드의 경우에는 은행과 보험은 당일 신청을 받아 다음날 운용지시를 하기 때문에 다음날 종가로 거래가격이 결정되고 3영업일째 계좌에 입고가 된다. 반면, 증권사의 경우에는 14:30 이전에 매매를 할 경우에는 당일 종가가 적용되고 익일에 통장에 입고가 되며, 14:30 이후에 매매를 할 경우에는 다음날 종가가 적용되고 3영업일째 입고가 된다.

ETF의 경우에는 은행과 보험의 경우에는 당인 신청을 받아 20~30분 이내에서 나누어 거래를 체결하게 되므로 실제 거래시점의 시장가격과는 차이가 있으나, 증권의 경우에는 거래 즉시 시장가격으로 체결된다.

3) 조작하기 쉬운 퇴직연금시스템

퇴직연금시스템은 처음 접하는 누구나 쉽게 다룰 수 있도록 간편하고 쉬워야 한다. 따라서 퇴직연금시스템이 접근하기 간편하고, 화면 메뉴가 누구나 조작할 수 있도록 쉽게 구성되어 있는 퇴직연금사업자를 선택한다. 사용자나 근로자는 퇴직연금 전문가가 아니고, 여유시간에 잠깐 퇴직연금시스템에 연결해서 자산운용을 해야 하기 때문에 조작하기 쉽고, 다루기 편리하며, 거래 속도가 빠른 퇴직연금시스템을 원한다.

4) 체계적인 자산운용컨설팅

사용자나 근로자가 원하는 시점에 언제든지 자산운용컨설팅을 제공해 줄 수 있는 퇴직연금사업자를 선택한다. 증권시장은 살아서 움직이는 생물이라고 한다. 따라서 실시간 변동하기 때문에 어느 시점에 자산운용컨설팅을 받느냐에 따라서 내용이 달라진다.

사용자와 근로자도 항상 자산운용만 하고 있는 것이 아니다. 사용자와 근로자가 자산운용을 하는 시점에 궁금한 점을 언제든지 물어볼 수 있고, 요청하면 필요한 자료를 언제든지 제공해 주는 퇴직연금사업자가 필요하다.

퇴직연금사업자의 홈페이지에 다양한 'Q&A'를 게시해 놓아 사용자나 근로자들이 수시로 조회할 수 있도록 하고, 매일 증권시장 정보와 투자전략을 게시하는 것은 가장 기본적인 업무여야 한다. 이러한 내용은 사용자의 홈페이지에도 직접 링크를 해서 사용자나 근로자가 언제든지 조회해 볼 수 있도록 하는 것도 하나의 방법이다.

5) 다양한 퇴직연금 운용자산

퇴직연금 운용자산이 다양한 퇴직연금사업자를 선택하여야 한다. 증권시장은 정보시장이다. 사용자나 근로자는 증권시장에서 상품과 관련한 다양한 정보를 접하게 된다. 그리고 해당 정보를 바탕으로 상품을 선택하게 된다. 게시된 상품안내장을 보고 상품을 선택하는 것이 아니다.

사용자나 근로자가 증권시장의 정보를 바탕으로 상품을 선택하고, 퇴직연금시스템에서 찾아봤으나 없을 경우에는 변동하는 증권시장에서 다시 기회비용이 발생하게 된다. 따라서 최소한 증권시장에서 최신 인기상품을 즉시 퇴직연금시스템에서 제공하는 퇴직연금사업자를 선택해야 한다.

그리고 사용자나 근로자가 운용하길 원하는 상품이 있어 퇴직연금사업자에게 요청할 경우에는 즉시 퇴직연금시스템에 제공해 줄 수 있어야 한다. 즉, 퇴직연금사업자의 업무처리가 유연성 있고 빠른 것이 좋다.

4.2 퇴직연금 자산운용

4.2.1 부담금 투자비율

1) 부담금 투자비율 설정

퇴직연금에 가입한 사용자는 연간 1회 이상 퇴직연금계좌에 부담금을 불입한다. 그리고 퇴직연금에 가입한 사용자 및 근로자는 사용자가 부담금을 불입한 즉시 운용할 수 있도록 퇴직연금 가입 시점에 미리 부담금 투자비율을 설정해 놓는다. 실무에서는 퇴직연금에 가입할 때 사용자 및 개별 근로자별로 부담금 투자비율신청서를 받아서 미리 설정해 놓는다.

부담금 투자비율은 사용자가 불입하는 부담금이 100%라고 할 때 자산을 운용하는 비율을 말한다. 예를 들어 부담금 투자비율에서 정기예금을 100%로 설정하면 부담금이 입금될 때 정기예금으로 100% 운용된다. 만약, 정기예금 30% + 주식형펀드 70%로 설정해 놓으면 부담금이 입금될 때 사전에 지정해 놓은 정기예금 30%, 주식형펀드 70%로 자동 운용된다. 이후 부담금 투자비율을 변경하지 않으면 설정한 비율과 동일한 비율로 적립금이 입금될 때마다 운용자산이 쌓이게 된다.

퇴직연금은 위험자산을 적립금의 70%까지 밖에 운용할 수 없으므로 100% 위험자산인 주식형펀드는 최고 70%까지 밖에 운용할 수 없다. 따라서 부담금 투자비율을 설정할 때 주식형펀드를 선택하고자 할 경우에는 최고 70%까지 밖에 설정이 되지 않으므로 나머지 30%는 위험자산이 아닌 원리금보장상품이나 채권형펀드로 설정해야 한다.

하지만 증권거래에 자신이 있어서 더욱 공격적으로 운용을 하고자하는 경우에는 위험자산에 100%까지 투자할 수 있다. 즉, 주식형펀드에 70%를 투자하고 장기 TDF에 30%를 투자하면 된다. 왜냐하면 TDF는 원리금보장상품과 같이 100% 투자가 가능하기 때문이다.

2) 부담금 투자비율 변경

부담금 투자비율은 본인이 원할 경우 언제든지 모바일로 변경할 수 있다. 주식시장이 상승할 것으로 예상된다면, 주식형펀드 투자비중을 높이고, 시장금리가 하락할 것으로 전망된다면 채권형펀드의 비중을 높이면 된다.

부담금 투자비율을 변경할 경우에는 변경 이후에 입금되는 사용자부담금부터 해당 투자비율을 적용 받는다.

4.2.1 운용자산 매매거래

1) 운용자산 매매

운용자산은 사전에 지정해 놓은 부담금 투자비율에 따라서 누적되게 된다. 부담금 투자비율에서 주식형펀드를 70%로 설정해 놓았다면 전체 적립금 운용자산 중 주식형펀드가 70%를 차지하게 된다. 이렇게 될 경우 시장리스크에 노출될 수 있으므로 주식시장이 하락할 것으로 전망되면 주식형펀드를 매도하고, 안전자산인 원리금보장상품이나 채권형펀드를 매수하는 운용자산 매매거래를 해서 위험자산을 줄이고 안전자산 높이는 운용자산의 투자비율을 조정해야 한다.

운용자산은 증권시장의 전망에 따라 리스크가 발생할 수 있으므로 수시로 점검을 하고 위험자산과 안전자산의 투자비율을 조정해 주어야 한다.

2) 금융권역별 매매계약 체결 방법

퇴직연금시스템은 일반적으로 당일 받은 매매주문을 모두 모아서 다음날 일시에 운용지시를 하는 구조를 가지고 있다. 당일을 신청일이라 하며, 당일은 아무런 매매거래도 발생하지 않는다. 그리고 당일 날 신청 받은 매매주문을 일괄하여 다음날 운용지시를 하기 때문에 실제 매매거래는 다음날 발생한다. 따라서 실제 거래 체결 가격은 당일이 아니라 다음날 시장가격이 되므로 본인이 매매체결 시 생각했던 가격과 다를 수 있다.

금융권역별로 상품별 매매계약 체결 시 금리 및 주식시장 종가가 적용되는 시점은 다음과 같다.

운용상품별 매매계약 체결 시점

운용상품	은 행	보 험	증 권
정기예금	신청일 + 1일 금리		
펀 드	신청일 + 1일 종가		14:30 이전 : 당일 종가 14:30 이후 : 익일 종가
ETF	신청 후 20~30분 이내에 체결		시장가격으로 체결

정기예금의 경우에는 모든 금융기관이 자사의 상품을 제시할 수 없기 때문에 타사의 정기예금을 제시하게 되며, 당일 신청을 받아 다음날 제시금리로 운용된다.

펀드의 경우에는 은행과 보험은 당일 신청을 받아 다음날 운용지시를 하기 때문에 다음날 종가로 거래가격이 결정되고 3영업일째 계좌에 입고가 된다. 반면, 증권사의 경우에는 14:30 이전에 매매를 할 경우에는 당일 종가가 적용되고 익일에 통장에 입고가 되며, 14:30 이후에 매매를 할 경우에는 다음날 종가가 적용되고 3영업일째 입고가 된다.

ETF의 경우에는 은행과 보험의 경우에는 당인 신청을 받아 20~30분 이내에서 나누어 거래를 체결하게 되므로 실제 거래시점의 시장가격과는 차이가 있으나, 증권의 경우에는 거래 즉시 시장가격으로 체결된다.

3) 사용자 또는 근로자의 요청에 의한 운용상품 추가

퇴직연금사업자는 퇴직연금 운용자산을 원리금보장상품과 실적배당상품으로 구성하여 제시한다. 그리고 증권시장에 있는 모든 운용상품을 제시할 수는 없기 때문에 사용자나 근로자가 운용하고자 하는 상품이 퇴직연금시스템에 없을 수 있다.

왜냐하면 사용자나 근로자는 운용상품에 대하여 관심이 많고 동료나 지인 등 다양한 채널을 통하여 증권시장 정보를 취득하고 있다. 그리고 취득한 정보를 바탕으로 운용상품을 스스로 증권시장에서 선택한 후 선택한 상품을 거꾸로 퇴직연금시스템에서 찾을 수 있기 때문이다.

만약 사용자나 근로자가 본인이 원하는 상품을 퇴직연금시스템에서 찾을 수 없는 경우에는 직접 퇴직연금사업자에게 해당 운용상품을 퇴직연금시스템에 추가해 줄 것을 요청할 수 있다.

퇴직연금사업자는 사용자나 근로자로부터 운용상품 추가에 대한 요청을 접수한 날로부터 1개월 이내에 서면 또는 정보통신망 등을 이용하여 접수 내용의 처리 결과를 해당 사용자 또는 근로자에게 통지해야 한다. 그리고 운용상품을 추가한 경우에는 즉시 해당 정보를 해당 사용자 또는 근로자에게 제공해야 한다.

4.2.2 퇴직연금 운용자산

1) 정기예금

정기예금은 예금자보호상품으로 퇴직연금사업자는 자사의 정기예금은 제시하지 못한다. 따라서 타사의 정기예금을 제시하며, 시중은행의 정기예금은 편입한도가 없으나, 저축은행 정기예금은 예금자보호한도인 5,000만원까지만 편입할 수 있다.

저축은행 정기예금은 시중은행 정기예금보다 금리가 다소 높고, 예금자보호가 되기 때문에 원리금보장상품 운용 시 주목받고 있는 상품이다.

2) TDF

TDF(Target Date Fund)는 위험자산인 주식과 안전자산인 채권을 일정비율로 함께 운용하는 펀드를 말한다. 은퇴예상시점까지 남은 기간에 따라 위험자산인 주식과 안전자산인 채권의 편입비중을 자동적으로 조정하여 안정적인 수익을 추구하는 펀드이다. 즉, 투자자의 은퇴시점을 Target Date로하여 가장 오래 남은 신입사원의 경우에는 주식을 최고 80%까지 편입을 하였다가 은퇴시점이 가까워지면 40%까지 주식편입비중을 알아서 조정하는 자산배분펀드이다.

최근 TDF는 은퇴일을 기준으로 7개(2055, 2060, 2065, 2070, 2075, 2080, 2085) 펀드로 구성된다. 2085의 경우에는 은퇴일이 가장 길게 남았기 때문에 주식편입 비중이 80%이고, 2055의 경우에는 은퇴일이 얼마 남지 않았기 때문에 주식편입비중이 40%이다. 즉, TDF는 주식형펀드에서 시작한 후 시간이 경과할수록 주식편입비중을 자동으로 줄여서 은퇴일이 가까워질수록 채권혼합형펀드로 변경된다. 따라서 TDF도 주식시장의 영향을 받으며, 주식시장의 전망을 반영하여 운용하여야 한다.

그리고 국내에 출시된 TDF는 각 상품별로 다음과 같은 특징이 있으니 잘 살펴보고 본인에게 알맞은 상품을 선택해서 운용해야 한다.

자산운용사별 TDF 비교

구 분	삼성자산운용	한국투자신탁	신한BNPP자산	미래에셋자산
펀드명	한국형TDF	알아서 TDF	마음편한 TDF	자산배분 TDF
해외 제휴사	Capital Grooup	T.Rowe Price	MAQS	자체운용
기관별 역할	제휴사가 포트폴리오 확정	제휴사: 해외자산 한투: 국내자산	제휴사: 전략적배분 신한: 전술적투자	자체 모델
주식비중	운용초기: 80% 은퇴시점: 33%	운용초기: 78% 은퇴시점: 38%	운용초기: 80% 은퇴시점: 40%	운용초기: 70% 은퇴시점: 20%
하위펀드	역외펀드 13개	해외펀드 + 한투펀드 19개	역내(Active & Passive) + 역외(ETF)	국내외 ETF
투자목표	글로벌 주식, 채권 분산투자	국내 주식투자 비중 높음	장기투자 관점 환차익	ETF를 통한 안정적수익 추구

3) ETF

ETF(Exchange Traded Fund: 상장지수펀드)는 말 그대로 인덱스펀드를 거래소에 상장한 후 투자자들이 주식으로 편리하게 거래할 수 있도록 만든 상품이다. 투자자들이 개별 주식을 고르는데 수고를 하지 않아도 되는 펀드투자의 장점과, 언제든지 시장에서 원하는 가격에 매매할 수 있는 주식투자의 장점을 모두 가지고 있는 상품으로 인덱스펀드와 주식을 합쳐 놓은 것이라고 생각하면 된다. 즉, 인덱스펀드를 주식시장에 상장하여 주식으로 전환한 후 언제든지 주식시장에서 자유롭게 매매할 수 있도록 한 상품으로 개별주식과 마찬가지로 기존의 주식계좌를 통해 거래할 수 있다.

개별주식 보다 안전하게 주식시장에서 거래할 수 있다는 점에서 퇴직연금 운용상품으로 주목을 받고 있다. 최근에는 시장지수를 추종하는 ETF, 외에도 배당주나 가치주 등 다양한 스타일을 추종하는 ETF가 상장되어 인기를 얻고 있다.

4.2.3 사전지정운용제도

1) 사전지정운용제도(디폴트옵션) 개요

사전지정운용제도는 흔히 디폴트옵션이라고 한다. 확정기여형(DC)에 가입한 근로자가 본인의 퇴직연금 적립금을 운용할 금융상품을 결정하지 않을 경우 근로자가 사전에 지정한 운용방법으로 적립금이 자동 운용되도록 하는 제도이다.

근로자가 신규로 가입했거나, 기존 운용상품의 만기가 도래했음에도 운용지시를 하지 않거나, 사전지정운용방법으로 본인의 적립금을 바로 운용하기를 원할 경우 적용된다.

사전지정운용제도는 근로자가 시간상의 제약 등으로 운용상품을 선정하지 못하여 적립금이 현금으로 남아있을 경우 운용수익률이 하락하기 때문에 사전에 지정한 상품으로 자동적으로 운용되도록 함으로써 퇴직연금수익률을 제고하고자 하는 취지이다.

2) 사전지정운용방법 퇴직연금규약에 반영

확정기여형(DC)을 도입한 사용자는 퇴직연금사업자가 제시하는 다음 중 하나 이상의 사전지정운용방법을 지정한 후 근로자대표의 동의를 받아 퇴직연금규약에 반영하여야 한다.

사전지정운용방법 종류

① 원리금보장상품
② TDF(Target Date Fund)
③ 다양한 자산에 분산투자 하는 자산배분펀드
④ MMF 및 사회기반시설 등에 투자하는 인프라펀드
⑤ 그 밖에 대통령령으로 정하는 운용내용

3) 근로자의 사전지정운용방법 선정

확정기여형(DC) 퇴직연금 가입 근로자는 퇴직연금규약에 명시된 사전지정운용방법 중 하나를 본인이 적용 받을 사전지정운용방법으로 선정한다.

4) 퇴직연금사업자의 사전지정운용방법 운용

근로자가 기존 상품의 만기가 도래하였음에도 4주간 운용지시가 없는 경우 퇴직연금사업자는 2주 이내에 운용지시를 하지 않을 경우 해당 적립금이 사전지정운용방법으로 운용된다는 점을 통지하여야 한다.

근로자가 통지를 받은 후에도 2주 이내에 운용지시를 하지 않을 경우 퇴직연금사업자는 해당 가입자의 적립금을 사전지정운용방법으로 직접 운용한다. 이 경우 근로자가 스스로 운용방법을 사전지정운용방법으로 선정한 것으로 본다. 그리고 근로자는 언제든지 적립금의 운용방법을 스스로 변경할 수 있다.

기존 위험자산한도 70% 규제에 따라 퇴직연금 운용자산 중 총위험자산은 적립금의 70% 밖에 운용할 수 없으나, 사전지정운용방법은 적립금의 100%까지 운용이 가능하다.

5 연금수령 시 절세방안

5.1 개인형IRP

5.1.1 개인형IRP 신규

1) 퇴직연금사업자 선택기준

퇴직 후 개인형IRP로 퇴직금을 수령할 경우 개인형IRP 신규를 위한 퇴직연금사업자 선정은 매우 중요하다. 퇴직 후 개인형IRP는 초과수익을 달성하기 위해 더욱 적극적으로 운용할 것이기 때문이다.

개인형IRP는 퇴직금 수령 후 퇴직연금사업자를 변경할 경우에는 운용상품의 중도해지 등으로 손실이 발생하기 때문에 변경이 어렵다. 그럼에도 변경하고자 할 경우에는 본인이 손실을 감수하고 옮기는 수밖에 없다. 따라서 계좌를 개설 할 때 신중하게 퇴직연금사업자를 선택해야 한다.

퇴직연금사업자 선택기준은 다음과 같다.

첫째, 퇴직연금수수료를 면제해 주는 퇴직연금사업자를 선택한다. 개인형IRP는 종신토록 연금을 수령할 것이기 때문에 퇴직연금수수료가 수익률에 매우 중요하다. 둘째, 운용상품을 매매를 실시간으로 할 수 있는 퇴직연금시스템을 갖춘 퇴직연금사업자를 선택한다. 통상 퇴직연금시스템은 운용자산 매수 신청일에 신청 받은 운용지시를 일괄하여 다음날 매매를 하기 때문에 1일 이후의 시장가격으로 체결되는 곳이 많다. 이럴 경우 본인이 예상했던 체결 가격보다 다른 가격으로 체결될 수 있기 때문이다. 셋째, 다루기 쉽고, 속도가 빠른 퇴직연금시스템을 구축한 퇴직연금사업자를 선택한다. 퇴직연금시스템이 다루기 어려우면 자산운용을 하는데 시간이 많이 소요되고, 원하는 시간에 운용자산을 매매 할 수 없다.

2) 퇴직 전 개인형IRP계좌 개설

근로자가 퇴직을 하고 나면 무직이기 때문에 개인형IRP계좌를 개설 할 수 없다. 따라서 퇴직 후 개인형IRP를 통해 세액공제 등을 받고자 할 경우에는 퇴직 전에 미리 개설 해 놓아야 한다. 특히, 퇴직금을 급여계좌로 수령한 후 개인형IRP로 이전하고 퇴직소득세를 환급 받고자 할 경우에는 퇴직 전에 개인형IRP계좌를 먼저 개설해 놓아야 한다.

5.1.2 개인형IRP 세액공제

1) 일반적인 세액공제

개인형IRP에는 연간 1,800만원 한도(연금저축 합산)로 추가 불입할 수 있으며, 연간 900만원을 한도로 세액공제를 받을 수 있다.

2) ISA 만기 해지자금 추가불입 세액공제

개인종합자산관리계좌(ISA) 만기 해지자금을 개인형IRP에 추가 불입할 경우에는 불입금액의 10%로 최대 300만원까지 세액공제 혜택을 받을 수 있다. 다만, 연간 총급여가 120백만원 미만인 가입자만 해당된다.

개인형IRP 세액공제 내역

구 분	연간 총급여 기준		
	55백만원 이하	55백만원 초과	120백만원 초과
개인형IRP 세액공제	900만원		
ISA 해지금액 추가 불입	300만원		–
세액공제 세율	16.5%	13.2%	
세액공제 최고 금액	1,980,000원	1,584,000원	1,188,000

5.1.3 개인형IRP 계좌이체

1) 계좌이체

연금계좌에 있는 금액을 연금수령이 개시되기 전에 세법에 따라 세액공제 및 과세이연 등 세제혜택을 유지하면서 다른 연금계좌로 이체하는 것을 말하며, 이체를 연금계좌 해지로 보지 않는다. 연금저축계좌 상호간, 개인형IRP와 연금저축계좌간 이체를 말한다.

2) 계좌이체 요건

개인형IRP와 연금저축계좌간 계좌이체를 하기 위해서는 다음 2가지 요건을 동시에 충족하거나, 연금수령이 개시된 경우에는 가능하다.

① 가입자가 55세 이후 연금수령 개시를 신청한 후 인출
② 개인형IRP 가입일부터 5년이 경과(다만, 퇴직소득이 있는 경우 즉시 인출 가능)

2가지 요건을 충족한 연금저축계좌 가입자가 개인형IRP 계좌로 전액 이체하는 경우와 개인형IRP 계좌 가입자가 연금저축계좌로 전액 이체하는 경우 가능하다. 다만, 연금계좌에 퇴직소득이 있는 경우에는 가입일 요건을 적용하지 않고 즉시 계좌이체가 가능하다.

3) 계좌이체 방법

기존에 개인형IRP 계좌를 보유하고 있던 가입자는 이관 또는 수관 금융기관 어디든 1개 금융기관을 방문하여 '연금저축계좌 이체/취소 신청서'를 접수하고 계좌이체를 신청하면 된다.

최근에는 금융기관을 직접 방문할 필요 없이 모바일로 신청을 하면 된다. 수관받을 금융기관에 모바일을 가입하여 개인형IRP '0'원 신규를 한 후 개인형IRP 계좌이체를 신청하면 된다. 그러면 이체를 하는 금융기관 상담센터에서 ARS로 이체확인 전화를 한다. 이체확인을 할 경우에는 이체절차가 진행된다. 만약, 당일 중 전화를 받지 못할 경우에는 이체가 취소되니 유의하여야 한다. 이체가 취소될 경우에는 처음부터 다시 신청해야 한다.

계좌이체 절차

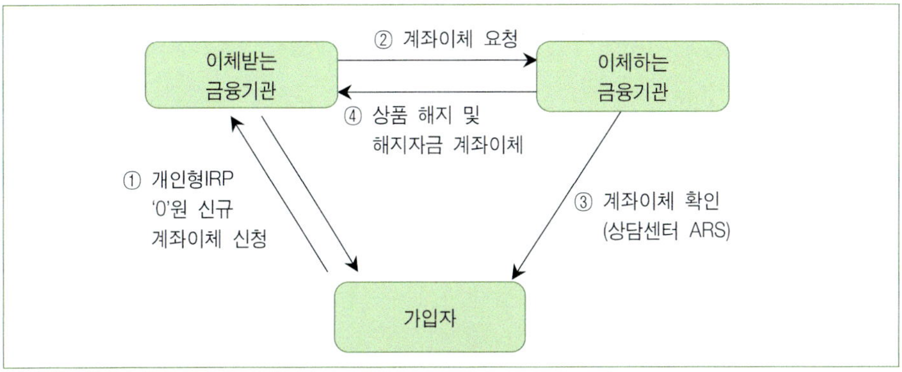

계좌이체 신청할 때 가장 중요한 점은 계좌이체 신청 화면에서 연금계좌 가입일을 이체 한 기존 연금계좌로 지정하는 것이다. 연금수령 시 세제혜택은 가입일을 기준으로 부여되기 때문이다.

4) 계좌이체 신청 시 가입일 적용

이체한 계좌는 이체 받는 계좌의 가입일을 적용한다. 하지만, 다음 2가지 사유의 경우에는 가입일을 선택할 수 있다.

첫째, 2013.3.1 이전에 가입한 계좌에서 2013.3.1 이후에 가입한 계좌로 이체하는 경우에는 가입일을 선택할 수 있다. 2013.3.1 이전 가입계좌의 가입일을 선택하는 경우에는 연금수령 기산연차 6년차를 적용 받아 5년만 연금수령을 하면 연금수령한도 적용을 받지 않는다. 2013.3.1 이후 가입계좌의 가입일을 선택한 경우에는 기산연차 1년차를 적용 받아 10년간 연금수령을 하여야 연금수령한도 제한을 받지 않는다.

둘째, 신규 연금계좌에 잔액이 없고, 종전 연금계좌를 해지하여 전액 이체하는 경우에는 기존 가입일 또는 이체 받는 연금계좌의 가입일 중 선택이 가능하다.

2013.3.1 이후 가입한 연금계좌에서 2013.3.1 이전 가입한 연금계좌로 이체는 불가하다. 그러나 2013.3.1 이후 가입한 연금계좌에서 2013.3.1 이후 가입한 연금계좌로의 이체는 가능하며, 어떠한 가입일을 선택하더라도 연금수령 요건은 동일하다.

계좌 유형별 이체가능 여부

이관 \ 수관		연금저축		개인형IRP	
		2013.3.1 이전	2013.3.1 이후	2013.3.1 이전	2013.3.1 이후
연금저축	2013.3.1 이전	○	○	○	○
	2013.3.1 이후	×	○	×	○
개인형 IRP	2013.3.1 이전	○	○	○	○
	2013.3.1 이후	×	○	×	○

연금수령 개시 이후 계좌이체는 신규계좌로 전액 이체하고, 이체 전 계좌의 가입일을 적용하는 경우만 허용된다. 이 경우 연금수령 개시 사실까지 이체된 것으로 간주하며, 이체 후 추가 불입은 불가하다. 당해연도 연금수령연차, 수령한도 및 기 수령금액 등의 정보를 추가로 송부하여야 한다.

5) 계좌이체 제한 대상

다음의 경우에는 계좌이체를 할 수 없으니 유의하여야 한다.

① 연금수령 중인 계좌로 이체 불가
② 2013.3.1 이후에 가입한 연금계좌에 있는 금액이 2013.3.1 이전에 가입한 연금계좌로 이체 불가
③ 퇴직연금계좌에 있는 일부 금액이 이체되는 경우 불가(전액이체만 가능)
④ 압류, 가압류, 질권설정, 법적 지급 제한 등의 계좌 이체 불가
⑤ 승계 받은 계좌의 이체 불가
⑥ 일부 인출이 있었던 연금계좌의 이체 불가

5.2 개인형IRP 일시금 수령

5.2.1 일시금 수령

1) 일시금 수령 개요

연금수령 요건을 갖추지 못했거나, 개인형IRP에서 일부인출 및 중도인출, 개인형IRP 해지에 따라 일시금을 인출하는 것을 일시금 수령이라 한다.

2) 개인형IRP 일부인출

개인형IRP는 전액해지가 원칙이다. 하지만, 근로자가 연금수급요건을 갖추고, 연금수령을 개시할 경우 일부금금액을 인출할 수 있다. 따라서 일부인출 요건을 갖춘 경우에는 개인형IRP 평가금액 중에서 필요한 금액을 인출한 후에 남은 금액으로 연금을 수령하면 된다.

3) 개인형IRP 중도인출

개인형IRP 가입자가 다음 각 호의 어느 하나에 해당하는 경우 적립금을 중도인출 할 수 있다.

① 무주택자인 가입자가 본인 명의로 주택을 구입하는 경우
② 무주택자인 가입자가 주거를 목적으로 전세금 또는 보증금을 부담하는 경우. 다만, 개인형IRP 가입자는 하나의 사업에 근로하는 동안 1회로 한정한다.
③ 가입자가 6개월 이상 요양을 요하는 다음 각 목의 어느 하나에 해당하는 사람의 질병이나 부상에 대한 의료비를 본인 연간 임금총액의 1,000분의 125(1/8)를 초과하여 부담하는 경우
ⓐ 가입자 본인
ⓑ 가입자의 배우자
ⓒ 가입자 또는 그 배우자의 부양가족
④ 중도인출을 신청하는 날부터 거꾸로 계산하여 5년 이내에 가입자가 파산선고를 받은 경우
⑤ 중도인출을 신청하는 날부터 거꾸로 계산하여 5년 이내에 가입자가 개인회생절차개시 결정을 받은 경우
⑥ 퇴직연금제도의 급여를 받을 권리를 담보로 제공하고 대출을 받은 가입자가 그 대출 원리금을 상환하기 위한 경우. 이 경우 중도인출 금액은 대출 원리금의 상환에 필요한 금액 이하로 한다.
⑦ 재난으로 피해를 입은 경우

4) 개인형IRP 해지 시 유의사항

개인형IRP로 퇴직금을 이전 받은 후 즉시 해지해서 일시금으로 수령하고자 할 경우에는 사전에 '부담금 투자비율 설정'에서 운용자산을 현금성자산으로 변경한 후에 수령해야 한다.

왜냐하면 사전에 부담금 투자비율이 정기예금이나 펀드로 설정되어 있는 가운데 퇴직금이 입금되면, 정기예금이나 펀드로 자동 매수한 후에 다시 매도하여 현금화를 해야만 해지를 할 수 있기 때문이다. 이럴 경우 기간이 최소한 3일 이상 소요되기 때문에 근로자가 원하는 시점에 자금을 사용하지 못할 수도 있다. 그리고 퇴직금이 입금된 후 30일 이내에 해지해야 퇴직연금수수료가 부과되지 않는다.

5.2.2 일시금 수령 시 과세방법

1) 「연금보험료 등 소득·세액공제확인서」를 제출한 경우

중도인출 및 일부인출, 개인형IRP 해지 등에 따라 일시금으로 수령할 경우에는 퇴직금을 개인형IRP로 이전할 때 과세이연 받은 퇴직소득세를 전액 납부하고 분류과세로 종료한다. 그리고 세액공제 받은 금액과 운용수익은 기타소득세를 납부하고 분리과세로 종료한다.

세액공제 받은 금액을 확인하는 필수서류는 「연금보험료 등 소득 · 세액공제확인서」이다. 따라서 일시금으로 수령할 경우에는 반드시 해당서류를 제출해서 얼마를 세액공제 받았는지 확인해야 한다.

일시금 수령 시 과세방법

소득원천	과세내용	과세방법
퇴직소득	퇴직소득세	분류과세
세액공제 받은 금액 및 운용수익	기타소득세	분리과세

2) 「연금보험료 등 소득·세액공제확인서」를 제출하지 않은 경우

세액공제 받은 금액을 확인하는 필수서류인 「연금보험료 등 소득 · 세액공제확인서」를 제출하지 않은 경우에는 세액공제 내역을 확인할 수 없다. 따라서 세액공제를 한 푼도 받지 않았다고 하더라도 가입자부담금 중 세액공제 최고한도인 900만원까지 세액공제를 받은 것으로 간주하여 기타소득세를 원천징수 한다. 그리고 「연금보험료 등 소득 · 세액공제확인서」를 발급받아 해당 금융기관에 제출해야만 세액공제를 받지 않은 금액에 대한 퇴직소득세를 환급해 주기 때문에 유의해야 한다.

「연금보험료 등 소득 · 세액공제확인서」는 매년 7월 이후가 되어야 국세청에서 발급받을 수 있다. 따라서 매년 7월 이전에 개인형IRP를 해지할 경우에는 확인서가 없어 7월 이후에 다시 금융기관을 방문해야 한다. 그렇기 때문에 꼭 필요한 경우가 아니라면 개인형RIP 해지는 매년 7월 이후에 하는 것이 편리하다.

5.3 개인형IRP 연금수령

5.3.1 연금수령 요건

개인형IRP에서 연금수령이란 연금수령의 일반적인 요건을 갖추어 인출하거나, 의료목적 또는 부득이한 인출의 요건을 갖추어 인출하는 것을 말한다.

연금수령 요건은 다음 3가지이다.

① 가입자가 55세 이후 연금수령 개시를 신청한 후 인출
② 개인형IRP 가입일부터 5년이 경과(다만, 퇴직소득이 있는 경우 즉시 인출 가능)
③ 과세기간개시일(연금수령개시일) 현재 연금수령한도 이내에서 인출

연금수령 요건 중 개인형IRP 가입일로부터 5년을 기산 할 경우에는 개인형IRP '0'원 신규계좌는 해당되지 않는다. 따라서 개인형IRP를 '0'원으로 신규한 경우에는 일정금액을 입금해야 입금일부터 가입일로 인정된다.

연금수령 요건을 충족하고 연금수령한도 이내에서 인출한 금액은 전액 연금소득으로 분류되어 연금소득세를 납부한다.

1) 연금수령한도

연금을 수령할 경우에는 연금수령한도를 적용 받는다. 연금수령 한도 이내에서 인출한 금액은 연금소득으로 인정받지만, 연금수령한도를 초과하여 수령한 금액은 연금소득으로 인정받지 못한다. 즉, 퇴직소득인 경우에는 퇴직소득세를 전액 납부하여야 한다.

연금수령 한도는 다음과 같이 계산한다.

$$\text{연금수령한도} = \frac{\text{개인형IRP 평가액}}{(11 - \text{연금수령연차})} \times 120\%$$

2) 연금수령연차

연금수령연차는 최초로 연금수령 할 수 있는 날이 속하는 과세기간을 1년차(기산연차)로 하여 그 다음 과세기간을 누적 합산한 연차를 말하며, 연금수령연차가

11년 이상인 경우에는 연금수령한도를 적용하지 않는다. 다만, 다음에 해당하는 경우의 기산연차는 다음 내용을 따른다.

① 2013.3.1 이전에 연금계좌(DB, DC, IRP)에 가입한 경우: 6년차
② 가입자 사망으로 연금계좌를 승계한 경우: 사망일 당시 피상속인의 연금수령연차

연금수령연차에서 가장 중요한 것은 연금계좌에 2013.3.1 이전에 가입하였는지 여부이다. 이전에 가입한 경우에는 기산연차 6년차를 적용 받고, 가입하지 않은 경우에는 기산연차 1년차를 적용 받는다. 여기서 연금계좌는 확정급여형(DB), 확정기여형(DC), 기업형IRP, 개인형IRP 중 어느 하나만 가입하였으면 된다.

3) 인출금액 전액 연금소득 인정 조건

2013.3.1 이전에 연금계좌에 가입하여 기산연차 6년차를 적용 받는 경우에는 5년 동안만 연금수령한도 적용을 받고 6년 이후부터는 인출금액 모두 연금소득으로 인정받는다.

연금계좌 가입	연금수령한도 적용기간	인출금액 전액 연금소득
2013.3.1 이전	5년 동안	6년 이후
2013.3.1 이후	10년 동안	11년 이후

중견기업 이상에 근무하는 직원은 대부분 2013.3.1 이전에 퇴직연금에 가입하였기 때문에 기산연차 6년차를 적용 받는다. 즉, 연금수령을 5년 동안만 하고 이후에 전액 인출을 하더라도 연금소득으로 인정받게 된다.

2013.3.1 이전에 연금계좌에 가입한 경우에는 연금수령한도 금액이 크기 때문에 연금수령한도만 활용하여도 연금소득세를 적용 받는 절세전략이 가능하다.

예를 들어 2011.12.31일에 가입한 개인형IRP로 퇴직금 200백만원을 수령한 가입자가 연금수령 요건을 갖추어 연금을 수령한다고 가정해 보자. 1차년도에 기산연차 6년차를 적용 받기 때문에 연금수령한도는 다음과 같다.

1차년도 연금수령한도 48백만원 = [200백만원 ÷ (11 – 6년차)] × 120%

즉, 1차년도에 48백만원까지 인출하더라도 연금소득세를 적용 받는다. 따라서 퇴직 후 필요한 금액이 48백만원 미만이라면 퇴직금은 전액 개인형IRP로 이전한 후 1차년도에 필요한 금액만큼 연금으로 수령하면 절세효과를 극대화할 수 있다.

4) 연금수령 시 과세방법

퇴직소득으로 연금을 수령할 경우 최초 연금을 수령한 연도부터 실제 연금을 수령한 연도를 카운트하여 10년 이하 연금으로 수령한 금액은 퇴직소득세의 30%를 줄여주고, 10년을 초과하여 연금으로 수령한 금액은 퇴직소득세의 40%까지 줄여준다.

세액공제 받은 금액과 운용수익으로 연금을 수령하는 금액에 대하여는 연간 수령금액이 1,200만원을 초과하는 경우에는 종합소득합산과세 또는 16.5% 분리과세 중 하나를 선택할 수 있다. 따라서 다른 소득이 많은 경우에는 연간 1,200만원을 초과하지 않도록 연금수령금액을 조정할 필요가 있다.

연금수령 시 과세방법

소득원천	과세내용		과세방법
	10년 이하 수령	10년 초과 수령	
퇴직소득	연금소득세 (퇴직소득세×70%)	연금소득세 (퇴직소득세×60%)	분리과세
세액공제 받은 금액 및 운용수익	연금소득세(3.3% ~ 5.5%)		연간 1,200만원 초과시 종합합산과세 or 16.5% 분리과세 중 선택

5.3.2 의료목적 등 부득이한 인출로 절세

1) 의료목적 등 부득이한 사유

의료목적 등 부득이한 사유는 다음과 같다.

① 천재지변
② 가입자의 사망 또는 해외이주
③ 가입자 또는 부양가족이 3개월 이상 요양
④ 가입자가 파산선고 또는 개인회생절차 개시결정을 받은 경우
⑤ IRP 취급기관의 영업정지, 영업 인허가 취소, 해산결의 또는 파산선고

의료목적 등 부득이한 사유로 중도인출 할 경우에는 인출금액에 대하여 연금소득으로 인정받아 연금소득세를 적용 받게 되므로 잘 활용할 경우에는 절세효과를 극대화할 수 있다.

가입자의 해외이주 경우에는 퇴직금이 개인형IRP에 입금된 날로부터 3년이 경과된 이후에 인출하여야 부득이한 사유에 해당되어 연금소득으로 인정받을 수 있다.

가입자 또는 부양가족이 3개월 이상 요양으로 인한 경우에는 가입자 본인 연간

임금총액의 125/1,000(1/8)를 초과하여 의료비를 부담하는 경우에만 부득이한 사유에 해당되어 중도인출을 신청할 수 있다. 의료비 중도인출 신청하는 경우에는 진단서 또는 소견서의 '진단일자'로부터 6개월 이내에 신청하는 경우에 한하여 아래의 한도까지 중도인출을 할 수 있고 인출금액은 연금소득으로 인정받는다.

- 인출한도 = ① + ② + ③
  - ① 200만원
  - ② 휴업 월수 × 150만원
  - ③ 의료비 영수증 또는 간병료 및 간병인 인적사항이 기재된 영수증의 기재금액

2) 부득이한 인출 시 과세방법

퇴직금을 개인형IRP로 이전하여 운용하다가 의료목적 등 부득이한 사유에 해당되어 중도인출을 할 경우 중도인출 금액은 '연금소득'으로 분류되어 연금소득세를 납부하면 된다. 즉, 퇴직소득에 대해서는 연금소득세(퇴직소득세율 × 70%)를 납부하고, 세액공제 받은 금액과 운용수익은 연금소득세(3.3% ~ 5.5%)를 납부하고 분리과세로 종료한다.

부득이한 인출의 경우에는 세액공제 받은 금액과 운용수익에 대해서도 연금소득세를 납부하고 연간 1,200만원이 초과할 경우에도 종합소득합산과세를 하지 않고, 분리과세로 종료하기 때문에 절세효과가 가장 크다.

부득이한 사유에 의한 인출 시 과세방법

소득원천	과세내용	과세방법
퇴직소득	연금소득세(퇴직소득세율 × 70%)	분리과세
세액공제 받은 금액 및 운용수익	연금소득세	분리과세

5.3.3 의료비연금계좌 지정으로 절세

1) 의료비연금계좌 지정 요건

의료비연금계좌는 가입자가 본인을 위한 의료비를 인출하고자 하는 경우 개인형IRP를 개설한 금융기관에 개인형IRP 중 1개를 의료비연금계좌로 지정해 줄 것을 신청한다. 신청 받은 금융기관은 복수 계좌를 지정하였는지 확인한 후 1개의 계좌인 경우에는 지정에 동의한다. 금융기관이 지정에 동의하는 경우에 한하여 의료비연금계좌를 지정하고 본인의 의료비를 인출할 수 있다.

의료비연금계좌 지정 요건은 다음과 같다.

① 만 55세 이상
② 개인형IRP 가입일로부터 5년 경과
③ 본인의 의료비
④ 1명당 1개의 개인형IRP 만 지정 가능

2) 의료비연금계좌 지정 효과

의료비연금계좌에서 본인의 의료비를 인출하기 위해서는 해당 의료비를 지급한 날부터 6개월 이내에 의료비 영수증 등 서류를 개인형IRP를 개설한 금융기관에 제출하고 의료비를 인출한다. 의료비연금계좌에서 인출한 의료비 금액은 전액 연금소득으로 분류되어 낮은 연금소득세를 납부하고 과세종료 한다.

의료비연금계좌 지정 효과는 다음과 같다.

① 의료비 인출한도 제한 없음
② 소득이 없는 경우에도 인출 가능
③ 인출금액 전액 연금소득으로 분류하여 연금소득세 납부

저자약력

손재성

경영학 박사
(前) 신한은행 퇴직연금기획팀장
(前) 신한은행 신탁운용팀장
(現) 국가자격고시 출제 및 검증위원
(現) 한국금융연수원 교수
(現) 숭실대학교 회계학과 겸임교수
(現) 웅지세무대학교 회계세무정보학부 교수

돈이되는 연금 꿀팁

초판발행 · 2023년 2월 20일

지은이 · 손재성
펴낸이 · 김대명
펴낸곳 · 나우퍼블리셔
등록번호 · 2020년 1월 20일 (제2020-000005호)
주소 · 서울특별시 성동구 한림말5길 11 덕성빌딩
전화 · 010-9133-5272 | 팩스 02-6305-3639
전자우편 · nowpublisher@daum.net
홈페이지 · www.nowpublisher.co.kr
ISBN · 979-11-91345-78-0 03320

정가 18,000 원